JUDEO-ROMANCE LINGUISTICS

GARLAND REFERENCE LIBRARY
OF THE HUMANITIES
(VOL. 890)

JUDEO-ROMANCE LINGUISTICS
A Bibliography
(Latin, Italo-, Gallo-, Ibero- and Rhaeto-Romance except Castilian)

Paul Wexler

GARLAND PUBLISHING, INC. • NEW YORK & LONDON
1989

Z
7033
.J48
W49
1989

© 1989 Paul Wexler
All rights reserved

Library of Congress Cataloging-in-Publication Data

Wexler, Paul.
  Judeo-Romance linguistics.

  (Garland reference library of the humanities; vol. 890)
  Includes index.
  1. Romance languages—Bibliography. 2. Jews—Languages—Bibliography. I. Title. II. Series.
Z7033.J48W49   1989   [PC43]   016.44   88-24276
ISBN 0–8240–4531–9 (alk. paper)

Printed on acid-free, 250-year-life paper
Manufactured in the United States of America

For Carol, Nina and Sivan

Hėj, ty, maci, rodna mova,
Hėj, ty zvon vjaliki, slova,
　　Zvon mahučy,
　　Zvon bliskučy,
　　Z srybra lity,
　　Z zlota zbity,
　　Zahrymi ty,
　　　　Zahrymi!

Ales' Harun, from "Pesnja-zvon" 1912
(reprinted in his Matčyn dar, Munich 1962)

CONTENTS

INTRODUCTION   xi
ABBREVIATIONS   xix

I.   COMPARATIVE JUDEO-ROMANCE
     A. Bibliographies   3
     B. General Discussions   3
     C. Language Names   6
     D. Status of Judaized Romance Languages   7

II. JUDEO-LATIN
     A. Bibliographies   11
     B. General Discussions   11
     C. Language Names   12
     D. Lapidary Inscriptions and Onomastics   12
     E. Etymological Components
        1. Native
           a. General Discussions; Specific Lexical
              Items   18
           b. Alleged Yiddish Latinisms   19
        2. Hebrew and Judeo-Aramaic (The Use of These
           Languages in Italy. The Pronunciation of
           Hebrew in the Early Christian Period—Se-
           lective Listings)   20
        3. Judeo-Greek   22
     F. Non-Jewish Transcriptions of Hebrew in Medieval
        Latin Texts   24
     G. Medieval Non-Jewish Terms for Jewish Realia   25
     H. Medieval Latin in Hebrew Characters   26
     I. Medieval Latin Loans and Patterns of Discourse
        in Hebrew   27

III. JUDEO-ITALO-ROMANCE
     A. Bibliographies   31
     B. General Discussions   33
     C. Language Names   35
     D. Historical Texts and Fragments (up to the Late
        19th Century)   35

	E.	Onomastics	44
	F.	Etymological Components	
		1. Native	49
		2. Hebrew—Judeo-Aramaic (Including Non-Jewish Transcriptions)	49
		3. (Judeo-)Arabic	51
		4. (Judeo-)Greek	51
		5. Judeo-Ibero-Romance	51
		6. Yiddish	52
		7. Disputed Origin	
		a. *baita*	52
		b. *ghetto*	53
	G.	Judeo-Italian and Judeo-Italian Hebraisms in Other Languages	
		1. In Balkan Judezmo	54
		2. In Hebrew	55
		3. In Italian	55
		4. In Marrano Portuguese	56
		5. In Yiddish	57
	H.	Contemporary Judeo-Italian Dialects (from the Late 19th Century up to the Present)	
		1. General Discussions	58
		2. Ancona	59
		3. Apulia	59
		4. Casale Monferrato	59
		5. Corfù	60
		6. Ferrara	60
		7. Florence	60
		8. Genua	60
		9. Leghorn	61
		10. Mantua	61
		11. Modena	61
		12. Piedmont	62
		13. Pitigliano	62
		14. Rome	62
		15. Triest	63
		16. Venice	63
	I.	Hebrew Scripts	64
IV.	JUDEO-GALLO-ROMANCE		
	A.	Bibliographies	67
	B.	General Discussions	
		1. Judeo-French	69
		2. Judeo-Provençal	70
	C.	Language Names	71
	D.	Historical Texts and Fragments	
		1. Judeo-French	71
		2. Judeo-Provençal (Including Descriptions of Contemporary Vestiges)	84

E.	Onomastics	
	1. Judeo-French	87
	2. Judeo-Provençal	94
F.	Etymological Components	
	1. Judeo-French	
	a. Native	98
	b. Hebrew—Judeo-Aramaic	100
	c. Judeo-Greek	103
	d. Yiddish	104
	e. Arabic	104
	2. Judeo-Provençal	
	a. Native	104
	b. Hebrew—Judeo-Aramaic	104
	c. Arabic	105
G.	Judeo-Gallo-Romance Loans (Native and Hebraisms) in Gallo-Romance	105
H.	Non-Jewish Stereotypes of Judeo-Gallo-Romance Speech	
	1. Judeo-French	105
	2. Judeo-Provençal	105
I.	Emigré Judeo-Gallo-Romance	
	1. Judeo-French in the German Lands (Judeo-French and Judeo-French Hebrew Loans, Toponyms and Anthroponyms in Yiddish and German)	106
	2. Judeo-French in England (Text Fragments and Toponyms)	108
	3. Judeo-Gallo-Romance Loans and Anthroponyms in Piedmont Judeo-Italian	111
	4. Judeo-Provençal Speech in Aragon	111
J.	Hebrew Scripts	111

V. JUDEO-IBERO-ROMANCE

A.	Bibliographies	115
B.	General Discussions	117
C.	Historical Texts and Fragments	
	1. Pre-Expulsion Judeo-Aragonese, Judeo-Catalan and Judeo-Navarran	118
	2. Pre-Expulsion Judeo-Portuguese Texts and Etymological Components	121
	3. **Pre-Expulsion Jewish Translations from Hebrew and Judeo-Arabic into Castilian (in Latin Characters) and Christian Translations Believed to Have Been Done Directly from Hebrew**	122
	4. Marrano Portuguese in the Peninsula and in the Portuguese and Spanish Colonies (15th Century up to the Present)	128

　　　　　5. Emigré Marrano Portuguese, Spanish and
　　　　　　　Ladino in the Non-Ibero-Romance Lands
　　　　　　　(16th Century up to the Present)　　　　　131
　　　D. Onomastics (of All the Judeo-Ibero-Romance
　　　　　Languages)　　　　　　　　　　　　　　　　　　137
　　　E. Etymological Components
　　　　　1. Native and Arabisms　　　　　　　　　　　　144
　　　　　2. Hebrew—Judeo-Aramaic　　　　　　　　　　　145
　　　　　3. Judeo-Greek　　　　　　　　　　　　　　　　147
　　　　　4. Alleged Aragonese, Catalan and Portuguese
　　　　　　　Components in Judezmo　　　　　　　　　　148
　　　　　5. Slavic　　　　　　　　　　　　　　　　　　150
　　　　　6. Italian　　　　　　　　　　　　　　　　　　150
　　　　　7. Yiddish　　　　　　　　　　　　　　　　　　150
　　　F. Non-Jewish Stereotypes of Judeo-Portuguese
　　　　　Speech　　　　　　　　　　　　　　　　　　　　150
　　　G. Marrano Portuguese Contacts with Other
　　　　　Languages
　　　　　1. Contacts with Non-Jewish European Languages　151
　　　　　2. Contacts with Non-Iberian Jewish Languages　　152
　　　　　3. Contacts with South American Creoles　　　　152
　　　　　4. Use of Portuguese Creole by Jews　　　　　　154
　　　　　5. Contacts with the Mediterranean Lingua
　　　　　　　Franca　　　　　　　　　　　　　　　　　　154
　　　H. Terms for Jewish Realia Used in Ibero-Romance
　　　　　Languages (Especially Inquisitorial Terminology) 154
　　　I. Hebrew Scripts　　　　　　　　　　　　　　　　　156

VI. JUDEO-RHAETO-ROMANCE
　　　A. Possible Components in Yiddish　　　　　　　　　159

INDEX OF AUTHORS AND ANONYMOUS ARTICLES　　　　　　　　　161

ADDENDA　　　　　　　　　　　　　　　　　　　　　　　　　173

INTRODUCTION

Most bibliographies require no introduction motivating their compilation; not so the present bibliography. Some students of Romance may wonder why Judeo-Romance languages are not best integrated into a general bibliography of Romance linguistics, while some may even go further and deny the very existence of a Judeo-Romance discipline. The few remarks below are intended to explain why the judaized Romance or Judeo-Romance languages should not be regarded solely as an adjunct of Romance linguistics, and hence why the present separate bibliographical treatment is in order.

The field of comparative Judeo-Romance linguistics essentially came into being in the first quarter of this century when D.S.Blondheim suggested that a Judeo-Latin translation of the Hebrew Bible formed the basis for subsequent judaized Romance translations composed by the early Middle Ages in most of the Romance-speaking lands—in France, Provence, Catalunya, Castile, Portugal and Italy.[1] In 1956 M.Weinreich amplified Blondheim's views of a Judeo-Latin calque language tradition to include a colloquial Judeo-Latin language as the common parent of all the judaized Romance languages.[2] Most Romanists have remained sceptical about a Judeo-Romance family of languages beginning with Latin—either calque or colloquial; and some even question the existence of individual Judeo-Romance languages. For these scholars, the uniqueness of "Judeo-Romance" languages lies solely in the use of a Hebrew script, occasional loans from Hebrew, Judeo-Aramaic and other languages previously spoken by the Jews prior to their arrival in the Romance lands, or the influence of Hebrew on the syntax and word-formation of Romance—especially in the traditional Bible translations.[3]

Here is not the place to expound in detail on the process of linguistic judaization of non-Jewish languages—a process that has repeated itself in many Jewish speech communities over the last two and a half millenia.[4] Suffice to emphasize here that the "Jewish" profile of a language does not consist simply of a handful of unique non-native components and/or the use of the Hebrew script. Rather, the major ingredients in the judaization of a non-Jewish language are the unique selection of non-Jewish speech material and its fusion with the non-native components cited above. In Judeo-Romance languages, the unique judaized substratal elements are Judeo-Greek and Judeo-Arabic. Idiosyncratic linguistic processes and unique sources of enrichment combine to render the histories and structures of judaized Romance languages distinct from those of their closest non-Jewish cognate(s). In addition, Judeo-Romance languages often enjoy geographical parameters that differ from those of their non-judaized Romance cognates. For example, Judeo-French was carried to neighboring German lands and Piedmont up until the early 1500s—areas where French was not normally spoken; conversely, Judeo-Romance speech is not encountered in all parts of the Romance world, e.g. there is no "Judeo-Romanian." Moreover, while French Christians brought their Norman dialect to England in 1066, French Jews appear to have introduced dialects of a different stock.

I am personally inclined to accept the views of Blondheim and Weinreich of an original Judeo-Latin speech which underwent fragmentation parallel to the dismemberment of Vulgar Latin. Yet, considerable research is still needed before we can state with certainty whether all judaized Romance languages may lay claim to <u>direct</u> descent from Judeo-Latin. Establishing the age of the Judeo-Romance languages thus constitutes a major desideratum of comparative Judeo-Romance linguistics.[5] I suspect that the judaization of some Romance languages—e.g. Judezmo/ Ladino and Judeo-Portuguese—may have taken place in the wake of the Reconquista around the 11th century.[6] As the "distance" between cognate Romance and Judeo-Romance languages is often modest—in no case is it as dramatic as that between contemporary German and Eastern Yiddish dialects—many observers have concluded, to borrow H.J.Leon's words, that "there is no evidence whatsoever of a Judeo-Greek or Judeo-Latin in any respect comparable with the Yiddish or Ladino of later times."[7] The fact is, the nature and extent of judaization (including de- and subsequent re-judaization) of each Romance language through time and space is quite varied; Yiddish and Ladino (differing in their respective relationships to German and Castilian) are only two types of judaization and can hardly serve as the sole index of judaization.[8] It is unnecessary to conclude categorically, along with Leon, that "the Jews formed no linguistic island in ancient Rome."[9] The typology of judaization in the Romance lands is another topic that urgently awaits researchers.

The Romance languages spoken and written by Jews have spawned a multitude of publications way out of proportion to

INTRODUCTION   xiii

the volume of extant Judeo-Romance attestation—short fragments
in Judeo-Latin (3rd c BC—6th c AD), Judeo-Aragonese and Judeo-
Catalan (13th c—15th c), glosses in Judeo-French (11th c—15th
c), Judeo-Provençal (12th c—15th c) and Judeo-Italian (begin-
ning with the 11th c), original texts in Judezmo, Judeo-Provençal
and Judeo-Italian (beginning with the 14th c) and translations
from the Hebrew in Judeo-Ibero-Romance and Judeo-Italian (be-
ginning with the 13th c). Today, only Judeo-Italian and -Cas-
tilian (Judezmo) survive as spoken languages, and of the two,
only the former remains in situ.

The present volume constitutes the first comprehensive
bibliography of all the Judeo-Romance languages attested be-
fore the expulsions of the Jews from the Kingdom of France and
the Iberian Peninsula (1394 and 1492-8 respectively)—with the
exception of Judezmo and Sephardic Ladino, for which we have
the excellent bibliography of D.M.Bunis.[10] The present biblio-
graphy does not include Judeo-Romance languages created after
the 16th century, thus there is no coverage of the newly ju-
daized French spoken (and written?) by former speakers of
North African Judeo-Arabic and Judezmo,[11] or the French norms
of the Jews who resettled in Lorraine in the early 18th cen-
tury.[12] An earlier annotated bibliography of Judeo-Portuguese
that I published in 1985 forms the basis of the Judeo-Portuguese
section in the present volume.[13] I have greatly expanded the
coverage of Judeo-Romance onomastics given in R.Singerman's
bibliography of 1977.[14] The coverage of the present bibliography
extends through 1987, with a few items from 1988.

The first Jews to settle in Rome were speakers primarily
of Judeo-Greek and marginally of Judeo-Aramaic. These two im-
ported Jewish languages contributed profoundly to the emer-
gence of unique judaized forms of Latin. Hence, the present
bibliography includes selected references to Judeo-Greek (es-
pecially on Roman soil). In addition, I have included a section
on Romance "merged" Hebrew and Judeo-Aramaic—i.e. hebraisms
and judeo-aramaisms incorporated in colloquial Judeo-Romance;
items treating the monolingual ("whole") Hebrew and Judeo-
Aramaic norms of the Romance-speaking Jews are included only
when they shed light on the merged norms and/or the paths of
migration of the Jews into the Romance-speaking lands. For the
sake of brevity, whenever synthetic works are available for a
given topic, I rarely give earlier entries. Thus, since Judeo-
Latin and Judeo-Greek inscriptions are systematically covered
by J.-P.Frey,[15] there is little need to cite most of the earlier
literature; subsequent studies are, however, included. Similar-
ly, of the vast literature on Roman Jewish catacomb inscriptions,
it suffices to list H.J.Leon's state-of-the-art study with its

full bibliographical coverage. Other works on Jewish tombstone inscriptions are only listed here when they contain materials of interest to Judeo-Romance linguistics. I have also incorporated some original works of and references to the Romance literature written by Jews in Latin characters, since these materials may contain data relevant to the reconstruction of Judeo-Romance speech; examples are the Ibero-Romance translations of the Bible made by the Jews in the 15th century and possibly earlier (presumably for both a Jewish and Christian audience), literature composed in the Marrano recensions of Spanish and Portuguese (outside of the Peninsula) and the religious and secular literature of Italian Jews during the Renaissance. For the same reason, I have also cited references to standard Romance texts written in Hebrew characters by Jews. These materials emphasize the heterogeneity of Jewish linguistic creativity in the Romance lands. Primary texts are listed only when there is no comprehensive bibliographical coverage of them available. The reader will find here no references to studies in comparative Jewish linguistics which ignore Romance topics, since my comprehensive bibliography of the literature on this subject up to 1980 is easily available.[16] Reviews are listed (together with the items reviewed) only when they contain comments of linguistic interest; in the index reviews are cited with the letter R following the number. I have not included references to parallel topics in the non-Judeo-Romance languages (e.g. cognate lexicon), as tempting as this was, since this would have greatly inflated the size of the work; the interested reader can easily track down the relevant literature independently. Similarly, historical and etymological dictionaries are not cited, unless they contain a particularly interesting discussion of Judeo-Romance data. The literature on a number of terms associated with Jews is voluminous (e.g. Ibero-Romance 'crypto-Jew' or Italian 'ghetto'), hence I only cite the literature necessary to document the variety of proposed etyma.

It should be clear then that the Judeo-Romance languages are entitled to their own bibliographical coverage, given the incomplete overlap of Romance and Judeo-Romance topics. In general, both the potential audience and constellation of topics in Judeo-Romance linguistics are both much broader than in Romance linguistics. The main topics in Judeo-Romance linguistics which are largely irrelevant to general Romance linguistics are the unique ad- and substratal components of Judeo-Romance and early Jewish settlement history in the Romance lands. Moreover, because of the fragmentary nature of Judeo-Romance remains, the relative importance of topics differs in Judeo-Romance and Romance linguistics. For example,

INTRODUCTION

lexicology and onomastics loom inordinately large on the horizon of Judeo-Romance;[17] the obsolescence of many Judeo-Romance languages explains the preoccupation with historical topics. Romance and Judeo-Romance languages also differ in the nature of their relevance to the study of other languages. On the one hand, Judeo-Romance linguistics can be expected to make a major contribution to medieval and pre-Diaspora Hebrew linguistics. On the other hand, Judeo-Romance linguistic phenomena can often only be elucidated fully with the aid of contiguous Jewish languages—e.g. the Judeo-Romance component in early Western Yiddish dialects is crucial for reconstructing Judeo-French and Judeo-Italian norms.

A separate bibliographical treatment of the Judeo-Romance languages should facilitate a deeper appreciation of the contributions that the latter may make to Romance linguistics in general—though the idiosyncratic experiences of judaized Romance speech make it difficult to extrapolate with ease from Judeo-Romance to Romance and vice versa. Up until now, Judeo-Romance topics have scarcely been canvassed in Romance linguistic bibliographies—though some scholars have utilized Judeo-Romance materials in discussions of general Romance topics—especially when Jewish materials predate the earliest known non-judaized sources.[18] There are four reasons for the widespread disregard of Judeo-Romance data in general studies: (1) The bulk of studies in Judeo-Romance linguistics have been compiled by non-linguists (usually historians) and published in non-linguistic journals (this is especially true of onomastic materials).[19] (2) Unlike the field of Yiddish which has profited from the fulltime attention of the finest linguists since its inception in the early 20th century,[20] Judeo-Romance linguistics has attracted all too often scholars (a) whose major fields of endeavor lay elsewhere (e.g. G.I.Ascoli, Y.Malkiel, B.Terracini and M.L.Wagner) or (b) who were largely ignorant of linguistic theory (e.g. H.V.Séphiha, most contemporary students of Judeo-Italian). Unfortunately, no other Romanist has matched the breadth of interest displayed by D.S.Blondheim. (3) Unlike the Yiddish impact on coterritorial German dialects, Judeo-Romance languages have had a relatively minor impact on Romance languages. (4) Judeo-Romance languages have traditionally been written in Hebrew characters.

I hope that the present bibliography serves to popularize the field of Judeo-Romance languages both among students of general Romance and comparative Jewish linguistics, since many research topics can best be approached only by a collaboration and cross-fertilization between the two disciplines.

Paul Wexler
Tel-Aviv 1988

1. Les parlers judéo-romans et la Vetus latina (P 1925).

2. "The Jewish Languages of Romance Stock and their Relation to Early Yiddish," RPh 9 (1956), 403-28.

3. For further discussion, see P.Wexler, Three Heirs to a Judeo-Latin Legacy: Judeo-Ibero-Romance, Yiddish and Rotwelsch (Wi 1988). Greek and Latin were customarily written by Jews in the non-Jewish alphabets, though occasionally Latin inscriptions were written in Greek and Greek inscriptions (in Rome) were also written in Hebrew characters (see F.Lenormant, "La catacombe juive de Venose," REJ 6, 1882, 204). The Hebrew alphabet has been used for all other Judeo-Romance languages up until recent times, when Latin, and even occasionally Cyrillic, script have come to be employed (for Judezmo and Judeo-Italian).

4. For a comprehensive description of the phenomenon, see my "Jewish Interlinguistics: Facts and Conceptual Framework," Language 57 (1981), 99-149.

5. H.Guttel believes the age of the Judeo-Romance languages cannot be settled until all the texts are published ("Etat présent des études judéo-romanes. Communication faite à la Société des Etudes Juives," REJ 134, 1975, 3-4, 218).

6. See details in Wexler, op.cit. 1988. On the glottonyms Judezmo and Ladino, see D.M.Bunis, Sephardic Studies: A Research Bibliography incorporating Judezmo Language, Literature and Folklore, and Historical Background (Garland: NY-Lo 1981), x-xii. For Judeo-Italian and Judeo-French/Judeo-Provençal M.Weinreich proposed the terms "Southern" and "Western Loez" respectively (from Hebrew la'az or lo'ez 'foreign talk': op. cit.). S.A.Birnbaum coined the terms "Italkian" and "Zarfatic" (or zorfatisch) for Judeo-Italian and Judeo-French language and Hebrew script types (from Hebrew 'ītalkīt 'Italian' and carfatīt 'French') in his "Aschkenasische Handschriften. Woher stammen die deutschen Juden?," ZGJD 3 (1931), 276 and "Jewish Languages," Essays in Honour of Dr.J.H.Hertz, eds. I. Epstein et al., 67 (Lo 1944). On script types, see also his The Hebrew Scripts 1-2 (Ldn 1957-71). Birnbaum also coined the glottonyms "Catalanic" and "Portuguesic" for Judeo-Catalan and Judeo-Portuguese in "Jewish Languages," EJ(J) 10 (1971), col 67 and Yiddish. A Survey and a Grammar (T-Bu 1979), 15, 120. On the names for Judeo-Provençal, see Z.Szajkowski,

INTRODUCTION   xvii

דאָס לשון פֿון די יידן די אין די ארבע קהילות פֿון קאַמטאַ-ווענעסען
(NY 1948), 3-6; G.Jochnowitz, "Shuadit: la langue juive de
Provence," AJ 14 (1978), 63; S.A.Birnbaum, op.cit. 1979:15.

   7. H.J.Leon, The Jews of Ancient Rome (Ph 1960), 92.

   8. Jews in the Romance lands occasionally also wrote in
the standard language (in both the Christian and Hebrew alpha-
bets).

   9. Ibid. 92. F.Lenormant proposed the concept of
"judaized" Latin over a century ago (op.cit. 202).

   10. See Bunis, op.cit. Bunis's bibliography supersedes an
earlier less satisfactory bibliography by M.Studemund (Biblio-
graphie zum Judenspanischen, Ham 1975). Bunis's coverage of
Ladino is restricted to the recension used by Judezmo speakers.
My bibliography includes references to the recension of Ladino
used by Portuguese Jews and to connections between Ladino and
Judeo-Latin.

   11. On this topic, see the brief remarks by H.Schuchardt
in a letter to L.Sainéan in 1889—reprinted by C.Gininger,
"Sainéan's Accomplishments in Yiddish Linguistics," The Field
of Yiddish 1 (1954), 154.

   12. See S.Kerner, "Les démarches des envoyés de la Commu-
nauté juive de Metz à Paris et à Versailles relatives à la
"taxe Brancas"," Annales de l'Est 1974, 217-64.

   13. "Linguistica Judeo-Lusitanica" in I.Benabu and J.Ser-
moneta, eds., Judeo-Romance Languages (J 1985), 189-208.

   14. See R.Singerman, Jewish and Hebrew Onomastics. A
Bibliography (Garland: NY-Lo 1977).

   15. Corpus inscriptionum iudaicarum 1 (CV 1936; 2nd ed
NY 1975).

   16. See Wexler op.cit. 1981.

   17. Studies of Judeo-Romance onomastics have yet to ex-
ploit the materials assembled by historians of the primary
documents and tombstone inscriptions.

   18. Judeo-Romance data are treated in a number of major
etymological dictionaries, e.g. W.von Wartburg, Französisches

etymologisches Wörterbuch 1ff (Basle, B-Lpz, Bonn 1928ff); J. Coromines, Diccionari etimològic i complementari de la llengua catalana (Bar 1980ff); J.Corominas and J.A.Pascual, Diccionario crítico etimológico castellano e hispánico 1-5 (M 1980-3). See also R.Levy, "References Made to Judaeo-French by Erhard Lommatzsch," ZFSL 66 (1956), 29-35 (on Judeo-French citations in E.Lommatzsch, ed., Altfranzösisches Wörterbuch. Adolf Toblers nachgelassene Materialien 1ff, B 1925ff). F.Mistral included Judeo-Provençal terms in his dictionary of Provençal, Lou tresor dóu Felibrige 1-2 (Aix 1879-87). Judeo-Romance data have also been cited often in historical grammars, see e.g. G.F.Burguy, Grammaire de la langue d'oïl 3 (Lpz 1856), 156 (the first such mention); K.Nyrop, Grammaire historique de la langue française 1 (Copenhagen 1904, 2nd ed), 497; R. Lapesa, Historia de la lengua española (M 1965, 6th ed), 303, 335-9, 358 and in literature surveys, e.g. U.T.Holmes, A history of Old French Literature from the Origins to 1300 (NY 1952), 314-5; P.Zumthor, Histoire littéraire de la France médiévale (VIe-XIVe siècles) (P 1954), paragraphs 511, 517, 528, 537. I have made no attempt to cite references to Judeo-Romance in the surveys of language and literature. The Judeo-French glosses occasionally appear in early Christian sources as well, e.g. the first Church-censored edition of the Babylonian Talmud printed in Basle 1579 (Order Mo'ed. Tractata Rosh Hashanah) and the Biblia latina cum postillis Nicolai de Lyra (Ve 1481) both contain Judeo-French glosses.

19. Most of the materials have appeared in journals of Jewish studies, e.g. the JQR, the MGWJ and the REJ.

20. A number of prominent Yiddishists have taken an interest in Judeo-Romance topics, see e.g. S.A.Birnbaum and M. Weinreich, and important materials have been published in Yiddish, e.g. Szajkowski, op.cit.

ABBREVIATIONS

1. Journals and Collective Volumes

AA — Al-Andalus

AAJFM — B.Blumenkranz, Art et archéologie des Juifs en France médiévale. Tou 1980

AAJRP — American Academy for Jewish Research. Proceedings

ABP — Arquivo de bibliografia portuguesa

AF — Anuario de filología

AFA — Archivo de filología aragonesa

AGI — Archivio glottologico italiano

AHP — Archivo historico portuguez

AIBL — Académie des Inscriptions et Belles-Lettres. Compte-rendu des Séances

AIL — Anales del Instituto de Lingüística (Mendoza)

AIVLSA — Atti dell'Istituto Veneto di lettere, scienze ed arti

AJ — Archives juives

AJHSP — American Jewish Historical Society. Publications

AJSS — YIVO Annual of Jewish Social Science

AM — Annales du Midi

AMSL — Archives des Missions scientifiques et littéraires

AP — Archivio di psichiatria, scienze penali ed antropologia criminale

AR — Archivum romanicum

AS — The American Sephardi

ASE — Annuario di studi ebraici

ASNSL — Archiv für das Studium der neueren Sprachen und Lit(t)eraturen

BAH — Boletín de la Academia de Historia

BF — Boletim de filologia

BGDSL — Beiträge zur Geschichte der deutschen Sprache und Literatur

BH — Bulletin historique

BHS — Bulletin of Hispanic Studies

BIIRHT — Bulletin d'information de l'Institut de Recherches et d'Histoire des Textes

BM — בית מקרא

BN — Beiträge zur Namenforschung

BRAE — Boletín de la Real Academia Española

BSAL — Boletín de la Sociedad Arqueológica Luliana

BSDI — Bullettino della Società Dantesca Italiana

BSLP — Bulletin de la Société Linguistique de Paris

CCM — Cahiers de civilisation médiévale

CS — Chronicon Spinozanum

CSFLSB — Centro di studi filologici e linguistici siciliani. Bollettino

DAb — Dissertation Abstracts

DL — Douro litoral

EJ — ארץ ישראל

ABBREVIATIONS   xxi

EJ(B) — Encyclopaedia judaica 1-10. B 1928-34

EJ(J) — Encyclopaedia judaica 1-16. J 1971

ENCPT — Ecole Nationale des Chartes. Positions des Thèses

ER — Estudis romànics

ES — Estudios sefardíes

EUC — Estudis universitaris catalans

FJ — Famille de Jacob

FM — I.Löw, Fauna und Mineralien der Juden, ed. A.Scheiber. Hi 1969

FMW — For Max Weinreich on his Seventieth Birthday. Studies in Jewish Languages, Literature and Society, eds. L. Dawidowicz et al. Hag 1964

FS — French Studies

FŠ — פֿילאלאגישע שריפֿטן

FSAB — Festschrift zum siebzigsten Geburtstage A.Berliner's, eds. A.Freimann and M.Hildesheimer. Frk 1903

FSMS — Festschrift zum achtzigsten Geburtstage Moritz Steinschneider's. Lpz 1896

GEJHLA — C.Roth, Gleanings. Essays in Jewish History, Letters and Art. NY 1967

GSAI — Giornale della Società Asiatica Italiana

GSLI — Giornale storico della letteratura italiana

HARL — Homenatge a Antoni Rubió i Lluch 1-2. Bar 1936

HB — Hebräische Bibliographie

HJ — Hispania judaica

HLPA — P.Pansier, Histoire de la langue provençale à Avignon du XIIe au XIXe siècle... 3. Av 1927

HMV — Homenaje a Millás-Vallicrosa 1-2. Bar 1954-6

HR — Hispanic Review

HTR — Harvard Theological Review

HUCA — Hebrew Union College Annual

IB — Il Buonarroti

ID — Italia dialettale

IJ — Italia judaica 1-2. R 1983-6

IL — Israelietische letterbode

JA — Journal asiatique

JAOS — Journal of the American Oriental Society

JB — יווא בלעטער

JFF — Jüdische Familien-Forschung

JHSEM — Jewish Historical Society of England. Miscellanies

JHSET — Jewish Historical Society of England. Transactions

JJLG — Jahrbuch der jüdisch-literarischen Gesellschaft

JJS — Journal of Jewish Studies

JLR — Jewish Language Review

JM — V.Colorni, Judaica minora. Mi 1983

JQR — Jewish Quarterly Review

JŠ — ייִדישע שפּראַך

JSGHG — Jubelschrift zum siebzigsten Geburtstag des Prof.Dr. H.Graetz. Br 1887

JSMGAK — Jewish Studies in Memory of George A.Kohut, eds. S.W.Baron and A.Marx. NY 1935

JSS — Journal of Semitic Studies

KS — קרית ספר

LGRP — Literaturblatt für germanische und romanische Philologie

ABBREVIATIONS

LMA — Le moyen âge

LN — Lingua nostra

LS — Language in Society

MA — Medium aevum

MEAH — Miscelánea de estudios árabes y hebráicos

MedLR — Mediterranean Language Review

M(G)JV — Mitteilungen der Gesellschaft für jüdische Volkskunde. Also called Mitteilungen zur jüdischen Volkskunde

MGWJ — Monatsschrift für Geschichte und Wissenschaft des Judentums

MLLJF — Mélanges de langue et littérature du Moyen Âge et de la Renaissance offerts à Jean Frappier... 2. G 1970

MLN — Modern Language Notes

MLP — Memorias de litteratura portugueza publicadas pela Academia Real das Sciencias de Lisboa

MLR — Modern Language Review

MPh — Modern Philology

MQ — Mankind Quarterly

MR — Medioevo romanzo

MSMDD — Miscellanea di studi in memoria di D.Disegni, eds. E.M.Artom et al. Tu-J 1969

NBAC — Nuovo bullettino di archeologia cristiana

NEMBN — Notes et extraits des manuscrits de la Bibliothèque Nationale et d'autres bibliothèques

NRFH — Nueva revista de filología hispánica

OLZ — Orientalistische Lit(t)eraturzeitung

PCJER — Pidgin and Creole Studies in Memory of J.E.Reinecke, ed. G.G.Gilbert. Honolulu 1987

PCL — Pidginization and Creolization of Language, ed. D. Hymes. C 1971

PEJH — C.Roth, Personalities and Events in Jewish History. Ph 1953

PhQ — Philological Quarterly

RABLBB — Real Academia de Buenas Letras de Barcelona. Boletín

RASTA — Reale Accademia delle scienze di Torino. Atti. Classe de scienze morali, storiche e filologiche

RB — Revue biblique

RBPH — Revue belge de philologie et d'histoire

RCHL — Revue critique d'histoire et de littérature

REJ — Revue des études juives

Rel — A.Darmesteter, Reliques scientifiques 1. P 1890

RF — Romanische Forschungen

RFE — Revista de filología española

RG — Revue de Gascogne

RI — Rivista israelitica

RIO — Revue internationale d'onomastique

RJ — Romanistisches Jahrbuch

RL — Revista lusitana

RLgsR — Revue des langues romanes

RLingR — Revue de linguistique romane

RMI — Rassegna mensile di Israel

RO — Romanica et occidentalia. Etudes dédiées à la mémoire de Hiram Peri, ed. M.Lazar. J 1963

RP — Revista de Portugal

ABBREVIATIONS

RPF — Revista portuguesa de filologia

RPh — Romance Philology

RR — The Romanic Review

RRAL — Rendiconti della Reale Accademia dei Lincei. Classe di scienze morali, storiche e filologiche

RS — Romanische Studien

RSJL — Readings in the Sociology of Jewish Languages 1, ed. J.A.Fishman. Ldn 1985

RSO — Rivista di studi orientali

SCL — Studii şi cercetări lingvistice

SEMGB — Scritti sull'ebraismo in memoria di Guido Bedarida. Fl 1966

SHMJB — Studies in Honor of M.J.Benardete, eds. I.Langnas and B.Sholod. NY 1965

SJBF — Studies in Jewish Bibliography and Related Subjects in Memory of Abraham Solomon Freidus (1867-1923). NY 1929

SM — Studi medioevali

SMUN — Scritti in memoria di U.Nahon, eds. R.Bonfil et al. J 1978

SN — Studia neophilologica

SOGLDV — Studi orientalistici in onore di Giorgio Levi Della Vida 2. R 1956

SOSWP — Semitic and Oriental Studies Presented to William Popper..., ed. W.J.Fischel. Bk 1951

SR — Studia Rosenthaliana

SS — L.Della Torre, Scritti sparsi 2. Pa 1908

SWBJV — Salo Wittmayer Baron. Jubilee Volume 1-2, ed. S. Lieberman. J 1974

TAPA — Transactions and Proceedings of the American Philological Association

TBICC — Thesaurus. Boletín del Instituto Caro y Cuervo

TJS — Tesoro de los judíos sefardíes

VI — Il Vesillo israelitico

VR — Vox romanica

WCJS(P) — World Congress of Jewish Studies. (Proceedings). J

ZATW — Zeitschrift für alttestamentliche Wissenschaft

ZDW — Zeitschrift für deutsche Wortforschung

ZFSL — Zeitschrift für französische Sprache und Literatur

ZGJD — Zeitschrift für die Geschichte der Juden in Deutschland

ZGL — L.Zunz, Zur Geschichte der Literatur 1. B 1845

ZHB — Zeitschrift für hebräische Bibliographie

ZNTW — Zeitschrift für neutestamentliche Wissenschaft und die Kunde des Urchristentums

ZRPh — Zeitschrift für romanische Philologie

ZVS — Zeitschrift für vergleichende Sprachforschung auf dem Gebiete der indogermanischen Sprachen

ZWJ — Zeitschrift für die Wissenschaft des Judenthums

2. Cities

A — Amsterdam, As — Assisi, Av — Avignon, B — Berlin, Ba — Baltimore, BA — Buenos Aires, Bar — Barcelona, Ber — Berdyčiv, Bk — Berkeley, Br — Breslau, Wrocław, Bu — Buffalo, Bud — Budapest, C — Cambridge, Car — Carpentras, CC — Città di Castello, Co — Colchester, Coi — Coimbra, CV — Città del Vaticano, Fl — Florence, Frk — Frankfurt, G — Geneva, Ge — Genua, Ha — Halle, Hag — The Hague, Ham — Hamburg, Hei — Heidelberg, Hi — Hildesheim, J — Jerusalem, Kr — Kraków, Ldn — Leiden, Le — Leghorn, Li — Lisbon, Lo — London, Lou — Louvain, Lpz — Leipzig, M — Madrid, Ma — Mantua, Mad — Madison, Mar — Marseilles, Mi — Milan, Mrb — Marburg, Mü — Munich, Na — Naples, NY — New York, O — Oxford, Op — Oporto, P — Paris, Pa — Padua, Ph — Philadelphia, PM — Palma de Mallorca, Pr — Prague, R — Rome, Rio — Rio de Janeiro, SP — São Paolo, St — Stockholm, Str — Strasbourg, T — Toronto, TA — Tel-Aviv, Tou — Toulouse, Tu — Turin, Tü — Tübingen, Ve — Venice, Ver — Verona, Vi — Vienna, W — Warsaw, Wi — Wiesbaden

ABBREVIATIONS   xxvii

3. Miscellanea

add — addenda, anon — anonymous, app — appendix, ass —
assistance, c — century, col — column, Col — Columbia,
cor — corrections, DES — Diplôme des Etudes Supérieures,
ed(s) — edition, editor(s), Eng — English, esp — especially,
exp — expanded, fasc — fascicle, He — Hebrew, JH — Johns
Hopkins, Lic — Licenciatura, orig — originally, pag —
pagination, pl — place, repr — reprinted, rev — review,
rvs — revised, sem — semester, sep — separately, ser —
series, Sor — Sorbonne, tr — translated, translation,
Univ — University, vers — version, vol — volume

A Note to the User:

Reviews are listed together with the items reviewed and follow
the same numbering; in the index, reviews appear with the
letter R after the number. Books with bilingual titles in
Hebrew and a European language are cited according to the
latter. Similarly, authors who publish in Hebrew or Yiddish,
as well as in another European language, are listed in the
index under the Latin-character spelling only. In the list-
ings Hebrew and Yiddish titles appear together with the Latin-
character titles, but follow the Latin titles in the index.
Italian family names beginning with De and Del(la) and French
names with Du are listed alphabetically under D, while French
and Ibero-Romance family names that begin with de and da are
listed under the first letter of the following component. Iber-
ian compound family names are given throughout the listings,
even when the author uses a simplex name (e.g. F.Cantera
Burgos for F.Cantera, J.M.Millás Vallicrosa for J.M.Millás);
compound names are alphabetized under the first component. As
a rule, no attempt was made to provide separate listings for
individual lexical items, since this would have entailed cum-
bersome cross-referencing. Almost all discussions of Judeo-
Romance languages contain data on the Hebrew and Judeo-Aramaic
components and thus are not cross-referenced under the latter
headings. Reprinted editions are noted only when they contain
new material (such as a new editor's preface, corrections,
etc.).

I.

COMPARATIVE JUDEO-ROMANCE

A. BIBLIOGRAPHIES

1. ח.ד.פרידברג. בית עקד ספרים 1-4. 2nd ed., TA 1951-4.

2. קרית ספר. -.1924 J

3. רשימת מאמרים במדעי היהדות. -.1969 J

4. Shapiro, H.H. "A Bibliography of the Publications of David S.Blondheim." Publications of the Modern Language Association 49 (1934), 1199-1201.

5. Singerman, R. Jewish and Hebrew Onomastics. A Bibliography. NY-Lo 1977.

    Rev: P.Wexler, Onoma 23 (1978), 215-9.

6. Wexler, P. "Jewish Interlinguistics: Facts and Conceptual Framework." Language 57 (1981), 99-149.

B. GENERAL DISCUSSIONS

7. "Aus fremden Kreisen." MGJV 4 (1899), 143-4.

8. Benabu, I. and J.Sermoneta, eds. Judeo-Romance Languages. J 1985.

    Rev: P.Slobodjans'kyj, ZRPh 103 (1987), 521-6.

9. Blau, L. "The Relation of the Bible Translations of the Jews in Romance Languages to the Ancient Versions and the Jewish Inscriptions in the Catacombs." JQR n.s. 19 (1928-9), 157-82.

10. Blondheim, D.S. Les parlers judéo-romans et la Vetus latina. P 1925. Contains: "Essai d'un vocabulaire comparatif des parlers romans des Juifs au moyen âge." Romania 49 (1923), 1-47, 343-88, 526-69; "Additions et corrections au vocabulaire comparatif des parlers romans des Juifs du moyen âge." Romania 50 (1924), 582-90; "Les éléments communs à la tradition juive et à la Vetus latina: leurs origines." Romania 50 (1924), 541-81; "Echos du judéo-hellénisme." REJ 78 (1924), 1-14.

   Rev: M.Liber, REJ 77 (1923), 90-1.
   I.Elbogen, MGWJ 70 (1926), 424-5.
   O.Bloch, REJ 83 (1927), 110-2.
   E.H.Lévy, RCHL 94 (1927), 174-6.
   H.Loewe, Jeschurun 14 (1927), 326-8.

   See also items 9, 276.

11. Cassuto, U. "Bible. Judeo-Romance Languages." EJ(J) 4 (1971), col 865-6.

12. Fuks, L. and R.G.Fuks-Mansfeld. Hebrew and Jewish Manuscripts in Amsterdam Collections 1-2. Ldn 1973-5.

   Rev: D.Nahon, REJ 136 (1977), 463-6.

13. Grünwald, M. "Additamenta zu Zunz' 'Namen der Juden'." Jüdisches Literatur-Blatt 9 (1880), 182-3; 10 (1881), 41-2, 59-60.

14. Grunwald, M. "Zur jüdischen Namenkunde. Ergänzungen zu 'Zunz' Namen der Juden." MJV 37 (1911), 6-25; 38 (1911), 75-9; 39 (1911), 97-121.

15. Guttel, H. "Etat présent des études judéo-romanes. Communication faite à la Société des Etudes Juives." REJ 134 (1975), 3-4, 218.

16. Jochnowitz, G. "Judeo-Romance Languages." In H.H.Paper, ed., Jewish Languages. Theme and Variation, 65-74. C, Mass 1978.

17. ———. "Had Gadya in Judeo-Italian and Shuadit (Judeo-Provençal)." RSJL 1985, 241-5.

18. Kaganoff, B.C. A Dictionary of Jewish Names and Their History. NY, Lo 1977.

Rev: P.Wexler, Onoma 23 (1979), 96-113.

19. Levy, R. "The Medieval Setting for Judaeo-French." Symposium 18 (1964), 101-12.

20. Lewysohn, L. "Erklärung der Fremdwörter in den vier Schulchan Aruch." MGWJ 5 (1856), 441-3, 477-9.

21. Malkiel, Y. "Graeco-Latin 'Iūdaeus' and 'Iūdaicus' in the Romance Languages, with Special Reference to Ibero-Romance." SOSWP 1951, 327-38. Spanish tr, with add, Davar (BA) 40 (1952), 36-55.

    Rev: B.Migliorini, AGI 36 (1951), 93-5.
    H.Guiter, RLgsR 71 (1952), 212-3.

22. Mieses, M. Die Entstehungsursache der jüdischen Dialekte. Vi 1915; 2nd ed Ham 1979.

    Rev: P.Wexler, LS 10 (1981), 294-9.

23. Modena Mayer, M. "Le choix "hébraïque" dans le lexique des langues juives." 9th WCJSP, D 1 (1986), 85-92.

24. Shulvass, M.A. "The Knowledge of Antiquity Among the Italian Jews of the Renaissance." AAJRP 18 (1948-9), 291-9.

25. Spitzer, L. "דער אויפקום פֿון די ייִדיש-ראָמאַנישע שפּראַכן" JB 14 (1939), 193-210.

26. ———. "Origen de las lenguas judeo-románicas." Judaica 12 (1944), 175-87. A rvs tr of item 25.

27. Steinschneider, M. Die hebräischen Übersetzungen des Mittelalters und die Juden als Dolmetscher. B 1893.

28. ———. "Allgemeine Einführung in die jüdische" Literatur des Mittelalters." JQR 15 (1903), 302-29; 16 (1904), 373-95, 734-64; 17 (1905), 148-62, 354-69, 545-82.

29. ———. "Namenkunde." ZHB 9 (1905), 154-7; 10 (1906), 124-7, 184-7.

30. ———. "Jüdische Aerzte." ZHB 17 (1914), 63-96, 121-67; 18 (1915), 25-57. (Later add not listed, since they are irrelevant for Judeo-Romance.)

31. "Une inscription énigmatique d'Agde." AJ 5 (1968-9), 17-9.

32. Weinreich, M. "The Jewish Languages of Romance Stock and Their Relation to Earliest Yiddish." RPh 9 (1956), 403-28.

33. ———. געשיכטע פֿון דער ייִדישער שפּראַך 1-4. NY 1973.

34. Wexler, P. Three Heirs to a Judeo-Latin Legacy: Judeo-Ibero-Romance, Yiddish and Rotwelsch. Wi 1988.

35. Zunz, L. Namen der Juden. Eine geschichtliche Untersuchung. Lpz 1837. Rvs ed in his Gesammelte Schriften 2, 1-82. B 1876; repr Hi 1971.

   Rev: Israelitisches Predigt- und Schul-Magazin 3 (1836), 338-41.
   K.W.Littger, BN n.F. 9 (1974), 276-8.

C. LANGUAGE NAMES

36. Birnbaum, S.A. "Aschkenasische Handschriften. Woher stammen die deutschen Juden?" ZGJD 3 (1931), 275-7.

37. ———. "Jewish Languages." Essays in Honour of Dr.J.H. Hertz, eds. I.Epstein et al., 51-67. Lo 1944.

38. ———. The Hebrew Scripts 1 (1971), 2 (1954-7). Ldn.

39. ———. "Jewish Languages." EJ(J) 10 (1971), col 66-9.

40. ———. Yiddish. A Survey and a Grammar. T-Bu 1979.

   Rev: P.Wexler, BGDSL 104 (1982), 291-7.

41. Krauss, S. "השמות אשכנז וספרד." תרביץ 35-423 (1932) 3.

42. ———. "Die hebräischen Benennungen der modernen Völker." JSMGAK 1935, 379-412.

43. Neiman, D. "Sefarad: The Name of Spain." Journal of Near Eastern Studies 22 (1963), 128-32.

   See also items 32-3.

D. STATUS OF JUDAIZED ROMANCE LANGUAGES

44. Banitt, M. [Berenblut] "A Comparative Study of Judaeo-Italian Translations of Isaiah." PhD, Col Univ, NY 1949.

    Rev: G.Vidossi, AGI 36 (1951), 177-8.
    B.Terracini, RPh 10 (1956), 243-58.

45. ―――. "Une langue fantôme: le judéo-français." RLingR 27 (1963), 245-94.

46. Blumenkranz, B. Histoire des Juifs en France. Tou 1972.

47. Cassuto, U. "Un'antichissima elegia in dialetto giudeo-italiano." AGI 22-3 (1929), 349-408.

    Rev: D.S.Blondheim, Romania 57 (1931), 440-2.
    H.Pflaum [Peri], KS 8 (1932), 499-501.
    A.Monteverdi, SM n.s. 6 (1933), 125-7.

48. ―――. "Agli albori della letteratura italiana: il più antico testo poetico in dialetto giudeo-italiano." RMI 12 (1937), 102-12.

49. Lazar, M. "Lis Obros: chansons hébraïco-provençales—Edition critique." RO 1963, 290-345.

50. ―――. "La traduction hébraïco-provençale du Rituel (Manuscrit inédit du XVe siècle)." MLLJF 2 (1970), 575-90.

51. Lenormant, F. "La catacombe juive de Venose." REJ 6 (1882), 200-7.

52. Levy, R. "The Background and Significance of Judeo-French." MPh 45 (1947), 1-7.

53. Malkiel, Y. "A Latin-Hebrew Blend: Hispanic desmazalado." HR 15 (1947), 272-301. Esp 286.

54. ―――. "The Jewish Heritage of Spain." HR 18 (1950), 328-40.

55. ―――. "The Classification of Romance Languages." RPh 31 (1978), 467-500. Esp 477-8.

56. Morreale, M. Rev of R.Levy 1960. RFE 45 (1962), 345-50.

57. Riera i Sans, J. "Un recull d'oracions en català dels conversos jueus (segle XV)." ER 16 (1971-5), 49-97.

See also items 10, 15, 25-6, 32-4, 39-40, 61, 65-6.

II.

JUDEO-LATIN

A. BIBLIOGRAPHIES

58. קאסוטו, מ. "כתבי משה דוד קאסוטו ז"ל." 14-3, (1954) 3 EJ.
    Abridged vers: [M.Cassuto-Salzmann], "Bibliografia scelta delle pubblicazioni scientifiche di Umberto Cassuto." RSO 28 (1953), 229-38.

59. Colafemmina, C. "Archeologia ed epigrafia ebraica nell'-Italia meridionale." IJ 1 (1983), 199-210.

60. Frey, J.-B. Corpus inscriptionum iudaicarum 1. CV 1936; 2nd ed NY 1975. See also item 62.

    Rev: L.Robert, REJ 101 (1937), 73-86; 102 (1937), 121; ibid., Hellenica 3 (1946), 90-108.
    H.J.Leon, JQR n.s. 28 (1937-8), 357-61.

61. Leon, H.J. The Jews of Ancient Rome. Ph 1960.

    Rev: G.Nahon, REJ 121 (1962), 437-41.

See also item 90.

62. Lifshitz, B. "Prolegomenon." In item 60, 2nd ed 1975: 21-107.

B. GENERAL DISCUSSIONS

63. קאסוטו, מ.ד. "התרגום היהודי של המקרא ללטינית וחשיבותו לחקר התרגומים היוונים :הארמיים." ספר יוחנן לוי: מחקרים בהלניסמוס יהודי..., עורכים מ.שובה וי. גוטמן, 72-161. J 1949.

64. Lewicki, T. "Une langue romane oubliée de l'Afrique du Nord. Observations d'un arabisant." Rocznik orientalistyczny 17 (1951-2), 415-80.

C. LANGUAGE NAMES

65. Cuomo, L. "Italkiano versus giudeo-italiano versus O (zero). Una questione metodologica." Italia 3 (1982), 7-32.

66. Gold, D.L. "The Glottonym Italkian." Italia 2 (1980), 98-102.

See also items 36-40.

D. LAPIDARY INSCRIPTIONS AND ONOMASTICS

The two topics are combined since most inscriptions are primarily of interest for onomastic studies.

67. Ascoli, G.I. Iscrizioni inedite o mal note greche, latine, ebraiche di antichi sepolcri giudaici del napolitano. Tu 1880.

    Rev: A.Darmesteter, REJ 1 (1880), 133-7.

68. Bacher, W. "Le nom d'Isidore porté par un ancien juif." REJ 57 (1909), 102-4.

69. Berliner, A. Geschichte der Juden in Rom. Frk 1893. Two volumes in one. Rvs tr by U.Cassuto, Storia degli ebrei in Roma, appeared as an app to RI 1907.

70. Blumenkranz, B. "Notes d'épigraphie judéo-française." AJ 11 (1975), 35-8.

    Rev: B.Brilling, AJ 12 (1976), 71.

71. Bognetti, G.P. "Les inscriptions juives de Venosa et le problème des rapports entre les Lombards et l'Orient." AIBL 1954, 193-202. Comments on 203.

72. Bulić, Fr. "Jevrejski spomenici u rimskoj Dalmaciji i jevrejsko grobište u Solinu." Vjesnik za arheologiju i historiju dalmatinsku 49 (1926-7), 116-24.

73. Canéto, Abbé F. "Une inscription bilingue de provenance judaïque." RG 16 (1875), 297-309.

74. Cassuto, M. "La corrispondenza tra nomi ebraici e greci nell'onomastica giudaica." GSAI n.s. 2 (1932-3), 209-30.

75. Cassuto, U. "Un'inscrizione giudeo-aramaica conservata nel Museo cristiano Lateranense." NBAC 22 (1916), 193-8.

76. ———. "Un'enigmatica iscrizione romana." GSAI n.s. 2.

77. ———. "Nuove iscrizioni ebraiche di Venosa." Archivio storico per la Calabria e la Lucania 4 (1934), 1-9.

78. ———. "Iscrizioni ebraiche a Bari." RSO 15 (1935), 316-22.

79. ———. "הכתובות העבריות של המאה XI בוויינוסה." קדם 2 (1945), 99-120.

80. Chalon, M. "L'Inscription juive de Narbonne et la condition des Juifs en Narbonnaise à la fin du VIIe siècle." Hommage à André Dupont (1897-1972), 39-53. Montpellier 1974.

81. Cohen, N.G. "Jewish Names and their Significance in the Hellenistic and Roman Periods in Asia Minor." PhD, He Univ, J 1976.

82. ———. "Jewish Names as Cultural Indicators in Antiquity." Journal for the Study of Judaism in the Persian, Hellenistic and Roman Period 7 (1976), 97-128.

83. Colafemmina, C. "Di alcune iscrizioni giudaiche di Taranto." Studi di storia pugliese in onore di Giuseppe Chiarelli, ed. M.Paone, 233-42. Galatina 1972.

84. Colombo, D. "Le catacombe ebraiche di Venosa." RMI 26 (1960), 446-7.

85. Condurachi, E. "Les Juifs en Illyricum." REJ 101 (1937), 87-93.

86. Delling, G. "Jüdische Grabinschriften Italiens über das Geschick nach dem Tode." In his Studien zum neuen Testament und zum hellenistischen Judentum. Gesammelte Aufsätze 1950-1968, 39-44. Göttingen 1970.

87. "Die alten jüdischen Katakombeninschriften in Süditalien." MGWJ 29 (1880), 430-51.

88. Dulac, Abbé J. "Réflexions sur une inscription bilingue de provenance judaïque." RG 16 (1875), 410-3.

89. Ferrua, A. "Epigrafia ebraica." Civiltà cattolica 87 (1936), 3, 461-73; 4, 125-37.

90. ———. "Addenda et corrigenda al Corpus inscriptionum iudaicarum." Epigraphica 3 (1941), 30-46.

91. Flores, E. "Un ebreo cappadoce nella 'cena Trimalchionis'. (Saggio di critica storico-filologica applicata ad alcuni antroponimi della 'Cena')." Rendiconti dell'-Accademia di archaeologia, lettere e belle arti di Napoli. Società nazionale di scienze, lettere ed arti 38 (1963), 45-69.

92. Fougères, G. [Judeo-Greek Inscription from Mantinée]. Bulletin de correspondence héllenique 1896, 159ff.

93. Frey, J.-B. "Une inscription gréco-hébraïque d'Otrante." RB 41 (1932), 96-103.

94. Garrucci, R. Cimitero degli antichi ebrei scoperto recentemente in Vigna Randanini. R 1862.

95. Goodenough, E.R. Jewish Symbols in the Greco-Roman Period 2. The Archaeological Evidence from the Diaspora. NY 1953.

96. ———. "The Bosporus Inscriptions to the Most High God." JQR n.s. 47 (1956-7), 221-44.

97. Helen, T. "The Non-Latin and Non-Greek Personal Names in Roman Brick Stamps and Some Considerations on Semitic Influences on the Roman Cognomen System." Arctos 15 (1981), 13-21.

98. Hirzel, R. Der Name. Ein Beitrag zu seiner Geschichte im Altertum und besonders bei den Griechen. B 1927.

99. Isserlin, B.S.J. "Ancient Pronunciation Types in the Light of Personal and Place Names in Greek and Latin Transcriptions." International Congress of Orientalists, 27th, Ann Arbor, Michigan 1967. Proceedings, 100-1. Wi 1971.

100. Juster, J. "Nom." In his Les Juifs dans l'Empire romain, leur condition politique, économique et sociale 2, 221-34b. P 1914.

101. Katz, S. The Jews in the Visigothic and Frankish Kingdoms of Spain and Gaul. C, Mass 1937.

102. Kaufmann, D. "Etudes d'archéologie juive." REJ 13 (1886), 45-61.

103. ———. "Nouvelles remarques sur l'inscription juive d'Auch." REJ 20 (1890), 29-30.

104. Kraabel, A.T. "Jews in Imperial Rome: More Archaeological Evidence from an Oxford Collection." JJS 30 (1979), 41-58.

105. Leon, H.J. "The Names of the Jews of Ancient Rome." TAPA 59 (1928), 205-24. Superseded by item 61.

106. ———. "New Material about the Jews of Ancient Rome." JQR n.s. 20 (1929-30), 301-12.

107. ———. "The Jews of Venusia." JQR n.s. 44 (1953-4), 267-84.

108. Libertini, G. "Epigrafe giudaico-latina rinvennuta a Catania." RASTA 64 (1929), 185-95.

    Rev: W.Cohn, MGWJ 74 (1930), 394.

109. Loeb, I. "Le Juif Priscus." REJ 10 (1885), 237-8.

110. Lur'e, S. "Familija Lurija v rimskom Egipte." Evrejskaja starina 11 (1924), 319-24.

111. Marmorstein, A. "The Synagogue of Claudius Tiberius Polycharmus in Stobi." JQR n.s. 27 (1937), 373-84.

112. Müller, N. Die jüdischen Katakombe am Monteverde zu Rom, der älteste bisher bekannt gewordene jüdische Friedhof des Abendlandes. Lpz 1912.

    Rev: H.Vogelstein, MGWJ 56 (1912), 631-6.
    J.B.Münz, MGWJ 59 (1915), 77-81.

113. ———. "Cimitero degli antichi Ebrei posto nella Via Portuense." Dissertazioni della Pontificia Accademia Romana d'Archeologia ser 2, 12 (1915), 205-318.

114. ——— and N.A.Bees. Die Inschriften der jüdischen Katakombe am Monteverde zu Rom. Lpz 1919.

Rev: T.Reinach, REJ 71 (1920), 113-26.
F.Perlès, OLZ 25 (1922), col 57-9.

115. Nadel, B. "ביי דער וויג פֿון די ייִדיש-ראָמאַנישע שפּראַכן‎ און קולטורן." ייִדישע שריפֿטן‎ (W) (1959) 9.

116. ———. "Les inscriptions latines de la Diaspore occidentale et le latin vulgaire." Kwartalnik neofilologiczny 10 (1963), 263-72.

117. Reinach, T. "Inscription juive d'Auch." REJ 19 (1889), 219-23.

118. ———. "Inscription juive de Narbonne." REJ 19 (1889), 75-83, 318.

119. ———. "Nouvelles remarques sur l'inscription juive d'Auch." REJ 20 (1890), 30-3.

120. ———. "L'Inscription de Théodotos." REJ 71 (1920), 46-56.

121. Reynolds, J. and R.Tannenbaum. Jews and God-Fearers at Aphrodisias. Greek Inscriptions with Commentary. C 1987.

122. Robert, L. Noms indigènes dans l'Asie-mineure gréco-romaine part 1. P 1963.

123. Roth, C. "The Judaeo-Latin Inscription of Mérida." Sefarad 8 (1948), 391-6.

124. Rowland, R.J. "Onomasticon sardorum romanorum." BN n.F. 8 (1973), 81-118.

125. Ruggini, L. "Ebrei e Orientali nell'Italia settentrionale fra il IV e il VI secolo d. Cr." Studia et documenta historiae et iuri 25 (1959), 186-308.

126. Šašel, A. and J. Inscriptiones Latinae quae in Iugoslavia inter annos MCMXL et MCMLX repertae et editae sunt. Ljubljana 1963.

Rev: A.Scheiber, REJ 126 (1967), 311-2.

127. Scheiber, A. "Jews at Intercisa in Pannonia." JQR n.s. 45 (1954-5), 189-97.

128. ——— [S.] Magyarországi zsidó feliratok a III. századtól 1686-ig. Bud 1960. Exp Eng vers: Jewish Inscriptions in Hungary: from the 3rd Century to 1686. Bud-Ldn 1983.

129. Schneider-Graziosi, G. "La nuova sala giudaica nel Museo cristiano Lateranense." NBAC 21 (1915), 13-56.

130. Schulze, W. Zur Geschichte lateinischer Eigennamen. B 1904.

131. Schwab, M. "Rapport sur les inscriptions hébraïques de la France." Nouvelles archives des missions scientifiques et littéraires 12 (1904), fasc 3, 143-402.

Rev: I.Lévi, REJ 50 (1905), 284-6.

132. שובה, מ. "על שתי כתובות של בני א"י ברומא." ציון 9 (1944-5), 46-7.

133. Selem, P. Les religions orientales dans la Pannonie romaine. Partie en Yougoslavie. Ldn 1980.

134. Solin, H. "Juden und Syrer im römischen Reich." Die Sprachen im römischen Reich der Kaiserzeit, eds. G.Neumann and J.Untermann, 301-30. Köln-Bonn 1980.

135. Thylander, H. "Les surnoms des Juifs." In his Etude sur l'épigraphie latine, 167-9, 178-80. Lund 1952.

136. Vaccari, P.A. "Osservazioni sopra alcune iscrizioni giudaiche del Museo cristiano Lateranense." NBAC 23 (1917), 31-45.

137. ———. "Ancore le iscrizioni giudaiche del Museo cristiano Lateranense. II." NBAC 28 (1922), 43-52.

138. Vogelstein, H. and P.Rieger. Geschichte der Juden in Rom 1. B 1896; 2. B 1895. Rvs Eng tr by Vogelstein, Rome. Ph 1940.

139. Wuthnow, H. Die semitischen Menschennamen in griechischen Inschriften und Papyri des vorderen Orients. Lpz 1930.

Rev: K.Brockelmann, OLZ 34 (1931), col 959-62.

See also items 18, 28, 51, 59-62.

E. ETYMOLOGICAL COMPONENTS

1. NATIVE

a. General Discussions;
Specific Lexical Items

140. Aronius, J. Regesten zur Geschichte der Juden im fränkischen und deutschen Reiche bis zum Jahre 1273. B 1902. Esp item 46.

141. Bacher, W. "Cena pura." ZNTW 6 (1905), 200-2.

142. Blau, L. "Irodalmi szemle." Magyar-Zsidó szemle 20 (1903), 369-70.

143. Bonfante, G. "Tracce del calendario ebràico in Sardegna?" Word 5 (1949), 171-5.

144. Fiorentino, G. "The General Problems of the Judeo-Romance in the Light of the Maqre-Dardeqe." JQR n.s. 42 (1951-2), 57-77.

145. Gold, D.L. "From Latinic purgare to British English porge(?)." JLR 3 (1983), 117-55.

146. Jastrow, M. "Notes sur les mots קוואקי ודימוניק." REJ 8 (1884), 277-9.

147. Krauss, S. "Zur griechischen und lateinischen Lexikographie aus jüdischen Quellen." Byzantinische Zeitschrift 2 (1893), 494-548. Sep Lpz 1893.

Rev: L.Blau, REJ 27 (1893), 294-301.

148. ———. Griechische und lateinische Lehnwörter im Talmud, Midrasch und Targum 1-2. B 1898-9.

Rev: A.Thumb, Anzeiger für indogermanische Sprach- und Altertumskunde 11 (1900), 96-9.

149. Künstle, K. "Die altchristlichen Inschriften Afrika's,

nach dem Corpus Inscriptionum latinarum." Theologische Quartalschrift 67 (1885), 58-99, 415-67.

Rev: D.Kaufmann, REJ 12 (1886), 309.

150. Mehlmann, J. "Cena pura." Alfa 18-9 (1972-3), 85-105.

151. Rönsch, H. Italia und Vulgata. Das Sprachidiom Italien und der katholischen Vulgata unter Berücksichtigung der römischen Volkssprache. Mrb 1869; exp 2nd ed 1875.

152. Schürer, E. "Die siebentägige Woche im Gebrauche der christlichen Kirche der ersten Jahrhunderte." ZNTW 6 (1905), 1-66.

153. Schwab, M. "Mots grecs et latins dans les livres rabbiniques." Semitic Studies in Memory of Rev.Dr. Alexander Kohut, 514-42. B 1897.

154. ———. "Transcription de mots grecs et latins en hébreu, aux premiers siècles de J.-C." JA 9 ser, 10 (1897), 414-44.

155. Wexler, P. "The Term 'Sabbath Food': A Challenge for Jewish Interlinguistics." JAOS 98 (1978), 461-5.

156. ———. "Terms for 'Synagogue' in Hebrew and Jewish Languages. Explorations in Historical Jewish Interlinguistics." REJ 140 (1981), 101-38.

157. ———. Explorations in Judeo-Slavic Linguistics. Ldn 1987.

158. Zunz, L. "Münzkunde." In his ZGL 1 (1845), 535-64.

See also items 9-10, 34, 484.

b. Alleged Yiddish Latinisms

159. Fuks, L. "The Romance Elements in Old Yiddish." In D.Katz, ed. Origins of the Yiddish Language, 23-5. O 1987.

160. Mischcon, A. "The Derivation of "daven-en"." JQR n.s. 13 (1922-3), 219-20.

161. Perles, F. "The Derivation of "dav-enen" and "or-en"." JQR n.s. 14 (1923-4), 85-6.

See also item 34.

2. HEBREW AND JUDEO-ARAMAIC

(The Use of These Languages in Italy. The Pronunciation of Hebrew in the Early Christian Period—Selective Listings)

162. Barr, J. "St Jerome's Appreciation of Hebrew." Bulletin of the John Rylands University Library of Manchester 49 (1966-7), 281-302.

163. ———. "StJerome and the Sounds of Hebrew." JSS 12 (1967), 1-36.

164. Birnbaum, H. "On the Slavic Word for Jew: Origin and Meaning." In his Essays in Early Slavic Civilization, 26-35. Mü 1981.

165. ———. "Some Problems with the Etymology and the Semantics of Sl. žid 'Jew'." Slavica hierosolymitana 7 (1985), 1-11.

166. Blanc, A. "Les transformations du latin Judaicus à Narbonne." AM 8 (1896), 195-9.

167. Brønno, E. Studien über hebräische Morphologie und Vokalismus auf Grundlage der Mercatischen Fragmente der zweiten Kolumna der Hexapla des Origenes. Lpz 1943. (Abhandlungen für die Kunde des Morgenlandes 28.)

168. ———. "The Hebrew Laryngeals in Non-Masoretic Traditions." 4th WCJS, Papers 1 (1967), 113-5.

169. ———. "Samaritan Hebrew and Origen's Secunda." JSS 13 (1968), 192-201.

170. ———. Die Aussprache der hebräischen Laryngale nach Zeugnissen des Hieronymus. Aarhus 1970.

171. Bruppacher, H.P. Die Namen der Wochentage im Italienischen und Rätoromanischen. Berne 1948.

172. Hirschfeld, H. "The Pronunciation of the Letter Ayn (ע)." JQR 4 (1892), 499-502.

173. קוטשר, י. הלשון והרקע הלשוני של מגילות ישעיהו השלמה ממגילות ים המלח. J 1959. Esp 48, fn. 19.

174. Loewe, R. "Jerome's Rendering of עולם." HUCA 22 (1949), 265-306, 432.

175. Mieses, M. "Les Juifs et les établissements puniques en Afrique du nord." REJ 94 (1933), 73-89.

176. Nöldeke, T. "Die Namen der Wochentage bei den Semiten." ZDW 1 (1901), 161-3.

177. Pfeiffer, R.H. "Clues to the Pronunciation of Ancient Languages." SOGLDV 2 (1956), 338-49.

178. Posnanski, A. "Le colloque de Tortose et de San Mateo (7 février 1413--13 novembre 1414)." REJ 76 (1923), 37-46.

179. Pretzl, O. "Die Aussprache des Hebräischen nach der zweiten Kolumne der Hexapla des Origenes." Biblische Zeitschrift 20 (1932), 4-22.

180. Roberts, C.H. "Sabbaton and Sambaton (-θon)." Classical philology 34 (1939), 149.

181. Schreiner, M. "Zur Geschichte der Aussprache des Hebräischen." ZATW 6 (1886), 213-59.

182. Schulze, W. "Samstag." ZVS 33 (1895), 366-86. Esp 383.

183. Schwyzer, E. "Altes und neues zu (hebr.-)griech. sábbata, (griech.-)lat. sabbata usw." ZVS 62 (1935), 1-16.

184. Shanks, H. "Is the Title "Rabbi" Anachronistic in the Gospels?" JQR n.s. 53 (1962-3), 337-45.

185. Siegfried, C. "Die Aussprache des Hebräischen bei Hieronymus." ZATW 4 (1884), 34-83.

186. Skok, P. "La semaine slave." Revue des études slaves 5 (1925), 14-23.

187. Šmilauer, V. "Etymologická procházka po škole." Naše řeč 28 (1944), 1-18.

188. Speiser, E.A. "The Pronunciation of Hebrew According to the Transliterations in the Hexapla." JQR n.s. 16 (1925-6), 343-82; 23 (1932-3), 233-65; 24 (1933-4), 9-46.

189. Sperber, A. "Hebrew Based upon Greek and Latin Transliterations." HUCA 12-3 (1937-8), 103-274; 14 (1939), 153-249; 16 (1941), 415-82; 17 (1943), 293-4.

190. Staples, W.E. "The Second Column of Origen's Hexapla." JAOS 59 (1939), 71-80.

191. Sutcliffe, E.F. "St.Jerome's Pronunciation of Hebrew." Biblica 29 (1948), 112-25.

192. Thomas, A. "Judaica." AM 8 (1896), 88-91.

193. Weill, J. "La prononciation de l'hébreu prémassorétique." REJ 85 (1928), 214-22.

194. Willrich, H. Das Haus des Herodes. Zwischen Jerusalem und Rom. Hei 1929.

195. Wutz, F. Die Transkriptionen von der Septuaginta bis zu Hieronymus. Stuttgart 1925.

196. Zorell, F. "Spiritus asper und lenis hebräischer Wörter und Eigennamen im Griechischen." Zeitschrift für katholische Theologie 24 (1900), 734-8.

See also items 21, 81-2, 157(:142-3), 703, 1027.

3. JUDEO-GREEK

197. Bechtel, F. Die historischen Personennamen des Griechischen bis zur Kaiserzeit. Ha 1917.

198. Belleli, L. "Judaeo-Greek and Judaeo-Italian." The Jewish Encyclopedia 7, 310-3. NY 1904.

199. Blumenkranz, B. Juifs et chrétiens dans le monde occidental, 430-1096. P 1960. Esp 313.

200. ———. "Les synagogues." In his AAJFM 1980, 33-72.

201. Colorni, V. "L'Uso del greco nella liturgia del giudaismo ellenistico e la Novella 146 di Giustiniano." Annali di storia del diritto 8 (1964), 19-80. Exp vers in his JM 1983, 1-65.

202. גויטיין, ש.ד. "אנבול--בימה של בית-כנסת". EJ 6 (1961), 162-7.

203. Golb, N. "Nature et destination du monument juif découvert à Rouen." AAJRP 48 (1981), 101-82; "Addendum." AAJRP 53 (1986), 71-89.

204. Leon, H.J. "The Language of the Greek Inscriptions from the Jewish Catacombs of Rome." TAPA 58 (1927), 210-33.

205. Momigliano, A. "I nomi delle prime 'sinagoghe' romane e la condizione giuridica della communità in Roma sotto Augusto." RMI 6 (1931), 283-92.

206. Pflaum, H. [Peri] "Der allegorische Streit zwischen Synagoge und Kirche in der europäischen Dichtung des Mittelalters." AR 18 (1934), 243-340. Esp 312, fn.

207. Reider, J. "Prolegomena to a Greek-Hebrew and Hebrew-Greek Index to Aquila." JQR n.s. 7 (1916-7), 287-366.

208. Reinach, T. "Inscriptions juives des environs de Constantinople." REJ 26 (1893), 167-71.

209. Saenger. "Ueber die Aussprache und Bedeutung des Namens פרופיית." MGWJ 4 (1855), 197-202.

210. Starr, J. The Jews in the Byzantine Empire 641-1204. Athens 1939.

211. Thumb, A. "Die Namen der Wochentage im Griechischen." ZDW 1 (1901), 163-73.

212. Wexler, P. "Recovering the Dialects and Sociology of Judeo-Greek in the Non-Hellenic Lands." RSJL 1985, 227-40.

See also items 10, 21, 34, 61, 62(items 678a), 123, 129, 138, 144, 147-8, 151-7, 183-4. For Judeo-Greek onomastics, see section II D above.

F. NON-JEWISH TRANSCRIPTIONS
OF HEBREW IN MEDIEVAL LATIN TEXTS

213. "Collectaneen von Adolph Neubauer." MGWJ 36 (1887), 502-5.

214. Dahan, G. "La leçon de Guillaume de Bourges: ses transcriptions de l'hébreu." AJ 15 (1979), 23-33.

215. ————. "Un hébraïsant à Paris vers 1400: Jacques Legrand." AJ 17 (1981), 41-9.

216. Damon, P. "The Hebrew Vocabulary of Hesperic Latin." JQR n.s. 50 (1959-60), 79-83.

217. Hutson, A.E. "The Semitic Element in Hesperic." SOSWP 1951, 211-6.

218. Klibansky, E. "Beziehungen des christlichen Mittelalters zum Judentum." MGWJ 77 (1933), 456-62.

219. Landgraf, A.M., ed. Ecrits théologiques de l'école d'Abélard. Textes inédits. Lou 1934.

220. מרחביה, ח. "על תעתיק מלים עבריות בכתב-יד לאטיני מן המאה ה-י״ג." לשוננו 29 (1965), 103-14, 247-74; 30 (1966), 41-53.

221. ————. "שתי מובאות מן המדרש הנעלם בכתב יד לאטיני." KS 43 (1968), 560-8.

222. Schper, A. "Christian Hebraists in Sixteenth-Century England." PhD, Univ. of Lo 1944.

223. Schwab, M. "Le Credo traduit en hébreu et transcrit en caractères latins." REJ 45 (1902), 296-8.

224. ————. "Mots hébreux dans les Mystères du moyen âge." REJ 46 (1903), 148-51.

225. Singer, C. "The Lorica of Gildas the Briton. A Magical

Text of the Sixth Century." In his *From Magic to Science. Essays on the Scientific Twilight*, 111-32. Lo 1928. Rvs vers: *Transactions of the Royal Society of Medicine (Historical Section)* 1920.

226. Steinschneider, M. "Christliche Hebraisten. Nachrichten über mehr als 400 Gelehrte, welche über nachbiblisches Hebräisch geschrieben haben." ZHB 1 (1896), 50-4, 86-90, 111-4, 140-3; 2 (1897), 50-5, 93-7, 121-5, 147-51; 3 (1898), 13-8, 47-50, 86-8, 111-6, 152-7; 4 (1900), 13-7, 50-6, 84-7, 121-5, 150-2, 177-80; 5 (1901), 18-22, 50-4, 83-7, 120-2. Sep B-Frk 1896-1901.

227. Thiel, M. "Grundlagen und Gestalt der Hebräischkenntnisse des frühen Mittelalters." SM 10 (1969), 3-212.

G. MEDIEVAL NON-JEWISH TERMS FOR JEWISH REALIA

(A number of terms from the Romance lands have been discussed in item 157, where sources are provided. Examples are balnearia 'Jewish ritual bath', bede 'tax on Jews and pagans', cenofaíja 'Sukkot', dies azymorum 'Passover', dies (festum) clangori 'New Year', gardinum, hortus 'Jewish cemetery', magister 'rabbi', phyla(c)terium 'ritual prayer straps for men', precaria 'tax on Jews and pagans', proseucha 'synagogue', publicanus 'sinful Jew; tax farmer', puteus 'Jewish ritual bath', rationale 'pectoral of the Jewish high priest', rodal(e), etc. 'Torah scroll; tripod on which a Jew stands with one leg while taking an oath; yellow patch worn by Jews on their garments', sabbata, -um, *sambata 'Sabbath', sabbatizare 'celebrate the Jewish Sabbath', sc(h)ola 'synagogue; school' [see also item 156], scholasticum, -us 'beadle of a synagogue; one who teaches, studies rhetoric; scholar', senex, senior 'synagogue elder'. An exhaustive listing will be possible only upon completion of all dictionaries of Medieval Latin recensions [i.e. from each of the European speech communities]. Future research will then need to determine which of these terms/ meanings may be of Judeo-Latin origin.)

228. Plaut, W.G. "The Origin of the Word yarmulke." HUCA 26 (1955), 567-70.

H. MEDIEVAL LATIN IN HEBREW CHARACTERS

229. Avicenna [b.980-d.1037]. קנון הגדול. Na 1492? Contains tr by Natan of Cento 1279 and Josef of Lorca 1408.

230. Blondheim, D.S. "Le glossaire d'Oxford (trilingue: hébreu, latin, français)." REJ 57 (1909), 1-18.

231. De Pomis, D. צמח דוד. Ve 1587.

232. Garbini, G. "Subscriptiones in caratteri ebraici di codici vaticani." RSO 33 (1958), 125-7.

233. Grunwald, M. [Latin text in Hebrew characters]. MGJV 5 (1900), 79-84.

234. Güdemann, M. Geschichte des Erziehungswesens und der Cultur der Juden in Italien während des Mittelalters 2. Vi 1884; 2nd ed A 1966. Esp 333, note 12.

235. הנובר, נ.-נ. ספר שפה ברורה. Pr 1660; 2nd ed A 1701 includes French glosses by J.ben Zev.

236. Lévy, E. "Hokuspokus." REJ 82 (1926), 401-10.

237. Portaleone, A. ben D. שלטי הגבורים. Ma 1612.

238. Radin, M. "A Latin Incantation in Hebrew Characters." JQR n.s. 7 (1916-7), 283-5.

239. Schum, W. Beschreibendes Verzeichnis der Amplonischen Handschriftensammlung zu Erfurt. B 1887.

240. Steinschneider, M. "Literarische Beilage." HB 12 (1872), 79-88.

241. ———. "Zur medicinischen Literatur." HB 17 (1877), 56-62; 19 (1879), 84-9.

I. MEDIEVAL LATIN LOANS AND PATTERNS OF DISCOURSE IN HEBREW

242. Schwab, M. Vocabulaire de l'angelogie d'après les manuscrits hébraïques de la Bibliothèque Nationale. P 1897. (Mémoires présentés par divers savants à l'Académie des Inscriptions et Belles-Lettres 1 ser, 10, part 2.)

243. ———. Le manuscrit hébreu No.1408 de la Bibliothèque Nationale. P 1913. (NEMBN 39, part 2, 1916, 409-38).

    Rev: I.G., RSO 7 (1917-8), 730-2.

244. Sirat, C. "Un vocabulaire de mots d'emprunt gréco-latins dans un manuscrit hébreu du XIIIe siècle." BIIRHT 12 (1963), 103-12.

245. ———. "Une formule divinatoire latine dans deux manuscrits hébreux." REJ 125 (1967), 391-4.

246. Zuckerman, A.J. "The Nasi of Frankland in the Ninth Century and the Colaphus judaeorum in Toulouse." AAJSP 33 (1965), 51-82. Esp 57, fn. 5 (under locus).

III.

JUDEO-ITALO-ROMANCE

A. BIBLIOGRAPHIES

247. Bedarida, G. "Il gergo ebraico-livornese." Rivista di Livorno 1957, no. 1-2. Esp fn. 16.

248. Cassuto, U. Gli studi giudaici in Italia negli ultimi cinquant'anni (1861-1911). Fasc 1. R 1913. Orig in RSO 5 (1913), 17-183.

249. ———. "Ebrei. Letterature giudaiche in lingua diversa dall'ebraica." Enciclopedia italiana 13, 371-3. Mi 1932.

250. ———. "Bibliografia delle traduzioni giudeo-italiane della Bibbia." Festschrift zum siebzigsten Geburtstage A.Kaminka, 129-41. Vi 1937.

251. ———. Bibliografia delle publicazioni scientifiche, 1906-1931. n.p., n.d.

252. Cuomo, L. "Bibliografia rapsodico-integrativa." IJ 1 (1983), 451-4.

253. De Benedetti Stow, S. "Due poesie bilingui inedite contro le donne di Šemu'èl da Castiglione (1553)." Italia 2 (1980), 7-64.

254. Fortis, U. and P.Zolli. La parlata giudeo-veneziana. As-R 1979.

    Rev: G.Tamani, Henoch 2 (1980), 117-8.

255. Lattes, M. "Di alcuni nomi geografici nei codici ebraici di Monaco." Mosè 2 (1879), 261.

256. Luzzatto, A. and M.Moldavi. Bibliotheca italo-ebraica. Bibliografia per la storia degli ebrei in Italia 1964-1973, ed. D.Carpi. R 1981.

257. Milano, A. Bibliotheca historica italo-judaica. Fl 1954.

258. ———. "L'Onomastica." In his Storia degli ebrei in Italia, 576-81. Tu 1963.

259. ———. Bibliotheca historica italo-judaica. Supplemento 1954-1963. Fl 1964.

260. ———. Il ghetto di Roma. Illustrazioni storiche. R 1964. Esp 415-71.

261. Neubauer, A. "Zur Frauenliteratur." IL 10 (1884), 88-105, 113-33, 139-47; 11 (1885), 62-92.

262. ———. "Nouveaux textes hébraïco-italiens concernant les femmes." RRAL 2nd sem, 7 (1891), 347-55.

263. ———. "Textes hébraïco-italiens concernant les femmes." RRAL 2nd sem, 7 (1891), 181-92.

264. Romano, G. Bibliografia italo-ebraica 1848-1977. Fl 1979.

265. Roth, C. "Un hymne sabbatique du XVIe siècle en judéo-italien." REJ 80 (1925), 60-80, 182-206; 81 (1925), 55-78. Esp 80 (1925), 63-5.

266. ———. "A Seventeenth-Century Library and Trousseau." SJBF 1929, 160-9.

267. ———. The Jews in the Renaissance. Ph 1959; 2nd ed 1964. He tr: היהודים בתרבות הריניסאנס באיטליה J 1962.

268. Steinschneider, M. "Letteratura italiana dei Giudei." IB ser 2, 6 (1871), 189-99; 8 (1873), 29-35, 130-43; 11 (1876), 82-95, 113-27.

   Rev: I.Loeb, REJ 9 (1884), 129-30.

269. ———. Letteratura delle donne. R 1880-4. Orig in IB ser 2, 13 (1879); ser 3, 1 (1884).

270. ———. "Zur Frauenliteratur." IL 12 (1886), 49-95.

271. ———. "Die italienische Litteratur der Juden (von 16. bis Ende 18. Jahrh.)." MGWJ 42 (1898), 33-7, 74-9, 116-23, 162-9, 261-5, 315-22, 418-24, 466-72, 517-22, 551-7; 43 (1899), 32-6, 91-6, 185-90, 266-70, 311-21,

417-21, 472-6, 514-20, 562-71; 44 (1900), 80-91, 235-49.

See also items 1, 1164(:408-10), and section II A above.

B. GENERAL DISCUSSIONS

272. Agus, I.A. "The Languages Spoken by Ashkenazic Jews in the High Middle Ages." Joshua Finkel Festschrift, eds. S.B.Hoenig and L.D.Stitskin, 19-28. NY 1974.

273. Bachi, R. "Ricerche folkloristiche e linguistiche degli Ebrei d'Italia." RMI 2 (1926), 24-9.

274. Banitt, M. "La'az." EJ(J) 10 (1971), col 1313-5.

275. בצלאל, י. כתבי סופרים יהודים ספרדיים ומזרחיים בלשונות יהודיות וזרות. TA 1982.

276. Cassuto, U. "La Vetus Latina e le traduzioni giudaiche medioevali della Bibbia." Studi e materiali di storia delle religioni 2 (1926), 145-62.

    Rev: D.S.Blondheim, Romania 57 (1931), 440-2.

277. ———. "Bibelübersetzungen, Romanische." EJ(B) 4 (1929), col 610-4.

    Rev: Blondheim item 276R.

278. ———. "Jüdisch-italienisch." Jüdisches Lexikon 3, col 463. B 1929.

279. ———. "La tradizione giudeo-italiana per la traduzione della Bibbia." Atti del 1 Congresso Nazionale delle Tradizioni Popolari, Firenze, maggio 1929, 114-21. Fl 1930.

    Rev: Blondheim item 276R.

280. ———. "Les traductions judéo-italiennes du Rituel." REJ 89 (1930), 260-80.

    Rev: Blondheim item 276R.

281. ———. "Jüdisch-italienisch." EJ(B) 9 (1932), col 555-7.

282. ———. "Saggi delle antiche traduzioni giudeo-italiane della Bibbia." ASE 1 (1934), 101-34.

283. Colorni, V. "La parlata degli ebrei mantovani." RMI 36 (1970), 109-64. Repr in his JM 1983, 579-636.

284. Della Torre, L. "In qual lingua si predicò in Italia ne'tempi passati?" In his SS 2 (1908), 238-44. Orig in Corriere Israelitica (Triest) 1862-3 and repr in VI.

285. Gold, D.L. "Notes on Yahudic and Italkian." JLR 5 (1985), 154-61.

286. הרטום, מ. "הערות על חקר העתיק של מלים איטלקיות באותיות עבריות." לשוננו 3-310 (1978), 42.

287. Jochnowitz, G. "The Dialects of Italian Jews." The Jewish Spectator 36 (1971), 15-6.

288. ———. "Forme meridionali nei dialetti degli ebrei dell'Italia centrale." RMI 38 (1972), 424-9.

289. ———. "Parole di origine romanza ed ebraica in giudeo-italiano." XIV Congresso Internazionale di Linguistica e Filologia Romanza, 117-27. Na 1974. Also in RMI 40 (1974), 212-9.

290. ———. "Formes méridionales dans les dialectes des Juifs de l'Italie centrale." Actes du XIIIe Congrès International de Linguistique et Philologie Romanes, eds. M.Boudreault and F.Möhren 2, 527-42. Québec 1981.

291. "Le parlate giudeo-italiane." Studi, fatti, ricerche 12 (1980), 12-4.

292. לוי, י.ל. "איטלקית יהודית." האנציקלופדיה העברית כרך מילואים, טור 50-149. J 1967.

293. Massariello Merzagora, G. Giudeo-italiano. Dialetti italiani parlati degli ebrei d'Italia. Pisa 1977. (Profilo dei dialetti italiani, ed. M.Cortelazzo.)

Rev: V.Pisani, Paideia 32 (1977), 325-6.
U.Fortis, RMI 44 (1978), 234-6.
G.Holtus, ZRPh 95 (1979), 257-61.
P.Zolli, LN 40 (1979), 89-90.

294. ———. "I dialetti giudeo-italiani nell'ambito dei dialetti italiani." Atti del Sodalizio Glottologico Milanese (1977-1978), 53-5.

295. Modona, L. "Intorno ad un possibile lavoro filologico sui dialetti parlati già dagli ebrei in Italia." VI 41 (1893), 60-2, 85-8, 121-3, 154-7.

296. Segre, C. "Benvenuto Terracini, linguista, e le parlate giudeo-italiane." RMI 34 (1968), 327-33.

297. Sermoneta, J.B. "Judeo-Italian." EJ(J) 10 (1971), col 427-9.

298. ———. "Considerazioni frammentarie sul giudeo-italiano." Italia 1 (1976) (1), 1-29; 1 (1978) (2), 62-106.

299. ———. "La traduzione giudeo-italiana dei Salmi e i suoi rapporti con le antiche versioni latine." SMUN 1978, 196-239.

300. ———. "The Bilingual Prose and Poetry of Italian Jews." In item 8. 1985, 161-8.

301. Spitzer, L. "Judeo-Italian." Universal Jewish Encyclopedia 6, 255-6. NY 1942.

See also items 33, 66, 198, 267.

C. LANGUAGE NAMES

See items 65-6 and sections I C and II C.

D. HISTORICAL TEXTS AND FRAGMENTS
(UP TO THE LATE 19TH CENTURY)

302. Artom, E.S. "Un'antica poesia italiana di autore ebreo." RI 10 (1913), 90-9.

303. ארטום, מ. "סדר 'קדש' של פסח מקרמאניאולא משנת 1829".
MSMDD 1969, 23-43.

304. Ascoli, G.I. [Lettera a M.Schwab sui vocaboli italiani nel Maqrê Dardeqê]. VI 38 (1890), 144.

305. Bargès, J.J.L. and D.B.Goldberg, eds. Epistola de studii targum utilitate. P 1857.

306. ברון, ש. "תשובה בשפה האיטלקית מאת ר' אברהם גראציאנו."
SJBF 1929, 122-37.

307. בחור, א. ספר התשבי. Isny 1541.

308. בן יקותיאל, מ.ש.י. דיבור טוב. Kr 1590.

309. Bernheimer, C. "Una trascrizione ebraica della 'Divina Commedia' sugli inizi del sec. XIV." GSLI 66 (1915), 122-7. Also sep Tu 1915.

Rev: U.Cassuto, BSDI n.s. 22 (1915), 275.

310. בלאו, ל. כתבי הרב יהודה אריה ממודינא. Bud 1905.

Rev: N.Porgès, ZHB 10 (1906), 1-13.

311. Blondheim, D.S. "Contribution à l'étude de la poésie judéo-française." REJ 82 (1926), 379-93; 83 (1927), 27-51, 146-62.

312. ———. "Notes on the Italian Words in the Aruch Completum." Supplement to the Aruch Completum, ed. A.Kohut. NY 1933.

313. בוקסנבוים, י., עורך. איגרות בית כרמי: קרימונה ש"י-של"ז.
TA 1983. Esp 345-7.

314. בונפיל, ר. "אחת מדרשותיו האיטלקיות של ר' מרדכי דאטו."
Italia 1 (1976), I-XXXII (He pag).

315. בודי, ח., עורך. מחברות עמנואל. 1..6-1925 B

Rev: U.Cassuto, MGWJ 72 (1928), 213-8.

316. Camerini, D. "Une ancienne version italienne des Prophètes." REJ 72 (1921), 29-39.

317. Cassuto, U. [D.M.C.] "L'Elemento italiano nelle

Mechabberoth d'Immanuele Romano." RI 2 (1905), 29-38, 109-15, 156-63, 199-205, 235-44; 3 (1906), 23-6. Sep Fl 1906.

Rev: D.Guerri, BSDI n.s. 15 (1908), 286-7.

318. ———. "Parlata ebraica." VI 57 (1909), 254-60.

319. ———. "Alcune note ebraiche di contabilità del secolo XVI." RI 8 (1911), 54-64, 94-105, 160.

320. ———. "Un registro ebraico di pegni del secolo XV." ZHB 15 (1912), 182-5; 16 (1913), 127-42.

321. ———. "Erwiderungen." MGWJ 73 (1929), 305-8. (On Immanuel of Rome.)

322. ———. "Il libro di Amos in traduzione giudeo-italiana." Miscellanea di studi ebraici in memoria di H.P.Chajes, 19-39. Fl 1930.

Rev: Blondheim 276R.

323. ———. "La Tefillàh delle nostre nonne." RMI 5 (1930), 144-8.

Rev: Blondheim 276R.

324. ———. "Un antico scongiuro ebraico contro Līlīt." RSO 15 (1935), 259-61.

325. Castelli, D., ed. [Diary of M.da Volterra, 15th century]. Jerusalem 1 (1882), 166-219. Partly repr in item 427. 1918, 425-7.

326. Chajes, H.P. Un commento di R.Shelomò b. Ha-Jathom. Fl 1906. Orig in RI 3.

327. ———. "Note sulle Meḥabberoth di Immanuele Romano." RSO 1 (1907), 197-206.

328. ———, עורך. פירוש מסכת משקין. B 1910.

329. Cuomo, L. "Le glosse volgari dell'Arùkh di r. Natàn ben Jechi'èl da Roma." PhD, He Univ, J 1974.

330. ———. "In margine al giudeo-italiano: note fonetiche, morfologiche e lessicali." Italia 1 (1976), 30-53.

331. ─────. "Antichissime glosse salentine nel codice ebraico di Parma, De Rossi 138." MR 4 (1977), 185-271.

332. ─────. "Il giudeo-italiano e le vicende linguistiche degli Ebrei d'Italia." IJ 1 (1983), 427-54.

333. ─────. "Pesicheta Rabati: un florilegio midrascico giudeo-italiano al confine fra la Toscana e l'Umbria nel XVI sec. Testo e note." In item 8. 1985, 69-125.

334. ─────. "Per una rivaluazione linguistica del Maqrè Dardeqè." XVIII Congresso Internazionale di Linguistica e Filologia Romanza. Trier 1986.

335. ─────. "Pesicheta Rabati: une traduction en judéo-italien." Massorot. Studies in Language Traditions and Jewish Languages 2 (1986), 81-92.

336. ─────. "ספר יונה ותרגומיו באיטלקית יהודית". 9th WCJSP D, 1 (1986), 131-8 (He pag).

337. Da Modena, L. גלות יהודה. Ve 1612; 2nd ed Pa 1640. (Hebrew-Italian dictionary.)

338. ─────. Istoria de'riti ebraici. P 1637.

339. Davidson, I. Parody in Jewish Literature. NY 1907.

340. De Benedetti, Sal. "Un manoscritto cavense in caratteri rabbinici." Archivio storico per le province napoletane 8 (1883), 766-74.

341. Debenedetti, San. I sonetti volgari di Immanuele Romano. Tu 1904. (Also spelled De Benedetti.)

   Rev: A.Lattes, GSLI 45 (1905), 362-5.

342. Del Monte, Cresc. Sonetti giudaico-romaneschi. R 1908; 2nd ed Fl 1927; 3rd ed, ed M.Procaccia. As-R 1976.

343. ─────. Nuovi sonetti giudaico-romaneschi. R 1933.

   Rev: R.Giacomelli, AR 17 (1933), 439-44.

344. ─────. "Il dialetto di Roma al secolo XVI e sue sopravvivenze. Alcune battute romano-vernacole di

una commedia del '500 con versione giudaico-
romanesca." RMI 10 (1935), 290-6.

345. ———. Sonetti postumi giudaico-romaneschi e roma-
neschi. R 1955. Includes Judeo-Italian vers of C.
Castelletti's comedy, Le stravaganze d'amore, 1-32.

Rev: P.Fronzaroli, LN 17 (1956), 129.

346. Della Torre, L. "Premier essai d'un glossaire hébreu-
italien sur le texte de la Bible." In his SS 2 (1908),
161-8. Orig in Archives israélites 1862.

347. Di Rimini, J.. ספר תורגמן. pl? 1597.

348. דורמיצר, מ. העתקה העתיק...סג"ל כל המלות זרות
הנמצאים [sic!] ברי"ע מברטנורה ובתי"ט בלשון צרפת
ואיטליע לשון אשכנז. Pr 1809.

349. [Duclou, L.] La betulia liberata in dialetto ebraico
con una protesta in gergo veneziano. Bastia 1832;
other eds, Ge 1862, Le 1926, 1935.

350. Elbogen, J. "Ein hebräisch-italienisches Glossar
philosophischer Ausdrücke." FSAB 1903, 65-75.

Rev: N.Porges, ZHB 7 (1903), 136-9, 165-75.

351. Equipe de Recherche 209. "Le manuscrit Valabrègues:
documents judéo-comtadins inédits du XVIIIe siècle."
AJ 12 (1976), 61-70.

352. Finkelstein, L., ed. The Commentary of David Kimhi on
Isaiah. NY 1926. Esp app II, LXXV-LXXIX.

353. Fiorentino, G. "Note lessicali al "Maqrè Dardeqè"."
AGI 29 (1937), 138-60.

354. Freedman, A. "Passages from the Divine Comedy in a
Fourteenth-Century Hebrew Manuscript." Collected
Essays on Italian Language and Literature Presented
to Kathleen Speight, eds. G.Aquilecchia et al.,
9-21. Manchester 1971.

355. ———. Italian Texts in Hebrew Characters: Problems
of Interpretation. Wi 1972.

Rev: L.Renzi, Parole e metodi 6 (1973), 315-6.
G.Jochnowitz, RPh 28 (1974), 213-7.
V.Pisani, Paideia 29 (1974), 117-9.
G.C.Lepschy, MLR 70 (1975), 433-4.
G.B.Pellegrini, ZRPh 93 (1977), 456-60.

356. הגדה של פסח. Various publications with Judeo-Italian trs: Ve 1629, 1664, 1695, 1716. See also item 402.

357. הלברשטם, ש.י. "תקנות קדמוניות נעשו בבולונייא ופורלי בשנות קע"ו וקע"ח מכל האיטליה." JSGHG 1887, 53-64 (He pag).

358. Hijmans-Tromp, I. De regels van het alphabet om het de leerlingen te onderwijzen in het Italiaans. Amersfoort 1976.

359. Horowitz, E. "A Jewish Youth Confraternity in Seventeenth-Century Italy." Italia 5 (1985), 36-97.

360. ירדן, ד. מחברות עמנואל הרומי 1-2. J 1957.

    Rev: G.Vajda, REJ 117 (1958), 149.

361. כ"ץ, מ. ספר איגרת רבי יהודה בן קוריש. TA 1952.

362. Kohut, A., ed. Aruch completum 1-8, supplement. Vi 1878-92, 1937.

363. Lange, N. de. Atlas of the Jewish World. O-NY 1984. Esp 116 (hymn from Apulia).

364. Lazzeri, G. Antologia dei primi secoli della letteratura italiana. Mi 1942. Esp 177-93.

365. Levi, L. "Tradizioni liturgiche musicali e dialettali a Corfù, 1386-1760." RMI 27 (1961), 20-31.

366. Lewinsky, A. "Alcuni manoscritti italiani nella Biblioteca ducale di Wolfenbüttel." RI 1 (1904), 236-7.

367. ———. "Altri due manoscritti italiani della R.Biblioteca di Hannover." RI 1 (1904), 151-2.

368. Lewis, H.S. "Immanuel of Rome." AAJRP 6 (1934-5), 277-308.

369. Löw, I. "Gloses romanes dans les écrits rabbiniques." REJ 27 (1893), 239-49.

370. ———. "Aramäische Lurchnamen I. Eidechsen." Festschrift Ignaz Goldziher, 126-47. Str 1911. Repr in his FM 1969.

371. ———. Rev of E.O.von Lippmann. MGWJ 76 (1932), 456-63. Repr in his FM 1969.

372. ———. Die Flora der Juden 4. Vi-Lpz 1934. Esp chapters 18-20.

   Rev: S.Krauss, REJ 100 (1935), 85-107.

373. ———. "Das Salz. --Ein Kapitel aus meinen Materialien der Juden." JSMGAK 1935, 429-62. Repr in his FM 1969.

374. ———. "Der Badeschwam. --Ein Kapitel aus der Fauna der Juden." MGWJ 79 (1935), 422-31. Repr in his FM 1969.

375. ———. "Das Eisen. --Ein Kapitel aus den Mineralien der Juden." MGWJ 81 (1937), 25-55. Repr in his FM 1969.

376. ———. "Das Zinn. --Ein Kapitel aus den Mineralien der Juden." Festschrift Dr.Jakob Freimann zum 70. Geburtstag, 159-66. B 1937. Repr in his FM 1969.

377. ———. "Das Kupfer. Ein Kapitel aus meinen Mineralien der Juden." A Blau Lájos Talmudtudományi Társulat Évkönyve 6, 117-38. Bud 1940. Repr in his FM 1969.

378. ———. "Das Blei. --Ein Kapitel aus "Mineralien der Juden"." Jewish Studies in Memory of Michael Guttmann, 175-87. Bud 1946. Repr in his FM 1969.

379. לונץ, א.מ. "מכחב מסע לר' משולם בכמ"ר מנחם מוואלטרה משנת הרמ"א לב"ע." ירושלים 219-116, (1882) 1.

380. ———. "רשימת הקברים (משנת הרל"ג לב"ע) לנוסע קאנדיאטי." ירושלים 7-220, (1882) 1.

381. משניות. Ma 1562.

382. Modena Mayer, M.L. "Il "Sefer Miṣwòṭ" della Biblioteca di Casale Monferrato." Italia 4 (1985), i-xxi, 1-108.

383. Modona, L. "Di una edizione del סדור תפלות "Siddur tefillôth" ovvero "Ordo pecum" in lingua volgare e tipi ebraici sconosciuta ai bibliografi." VI 35 (1887), 76-80, 110-4.

384. ————. Sara Copio Sullam. Sonetti editi ed inediti, raccolti e pubblicati insieme ad alquanti cenni biografici. Bologna 1887.

385. ————. "Une lettre d'Azaria de Rossi." REJ 30 (1895), 313-6.

386. ————. Rime volgari di Immanuele Romano, poeta del XIV secolo, nuovamente riscontrate sui codici e fin qui note. Parma 1898. Repr in item 388.

387. ————. "Immanuele Romano e le sue composizioni poetiche "Mekhabberoth"..." VI 50 (1902), 334-7.

388. ————. Vita ed opere d'Immanuele Romano. Fl 1904.

   Rev: U.Cassuto, RI 1 (1904), 28-32.
   A.Lattes, GSLI 45 (1905), 362-5.

389. Nemoy, L., ed. Catalogue of Hebrew and Yiddish Manuscripts and Books from the Library of Sholem Asch. New Haven 1945. Esp items 237-8.

390. Perles, J. Beiträge zur Geschichte der hebräischen und aramäischen Studien. Mü 1884.

   Rev: A.Neubauer, REJ 9 (1884), 152-4.

391. Perreau, P. "Hebräische Handschriften in Parma." HB 8 (1865), 66-8. Esp item 52.

392. Porgès, N. "Elie Capsali et sa Chronique de Venise." REJ 77 (1923), 20-40; 78 (1924), 15-34; 79 (1924), 28-60.

393. Rosenberg, S.N. "Judaeo-Italian Elegy." Midstream 13 (1967), 57-65.

394. Roth, C. Lettere d'amore di un ebreo italiano del '500. Fl 1926.

395. ————. "Un'elegia giudeo-italiana sui martiri di Ancona (1556-57)." RMI 16 (1950), 147-56.

396. Sacerdote, G. "Una versione italiana inedita del Moreh Nebukhim di Mosheh ben Maimon." RRAL 1 (1892), 308-25.

397. Schirmann, J. "Eine hebräisch-italienische Komödie des XVI. Jahrhunderts." MGWJ 75 (1931), 97-118.

398. ————. צחות בדיחותא דקידושין. קומדיה בחמש מערכות מאת יהודה סומו. TA 1946.

399. ————."התיאטרון והמוסיקה בשכונות היהודים באיטליה (בן המאה הט"ז למאה הי"ח)." ציון 111-61 (1964), 29.

400. Schwab, M. "Le Maqré Dardeqé." REJ 16 (1888), 253-68; 17 (1888), 111-24, 285-98; 18 (1889), 108-17.

401. ————. "Manuscrits du supplément hébreu de la Bibliothèque Nationale." REJ 37 (1898), 127-36.

402. סדר הגדה של פסח בלשון הקדש ופתרונו בלשון אשכנזים. Ve 1740. Contains the Judeo-Italian tr by L.Modena. See also item 356.

403. Séphiha, H.V. "Une Haggadah en ladino avec les légendes hébraïco-italiennes." REJ 135 (1976), 185-7.

404. Sermoneta, J.B. "Una trascrizione in caratteri ebraici di alcuni brani filosofici della Divina Commedia." RO 1963, 23-42.

405. Sermoneta, J.B. ""Libro delle forme verbali": compendio del Mahalàkh ševiley ha-dà'ath di Moseh ben Josèf Qimchì." Scritti in memoria di Leone Carpi, eds. D. Carpi et al., 59-100. J-Mi 1967.

406. ————. Un glossario filosofico ebraico-italiano del XIII secolo. R 1969.

   Rev: J.Genot, REJ 130 (1971), 117-20.
   J.Maier, Erasmus 24 (1972), 135-7.

407. ————, ed. Un volgarizzamento giudeo-italiano del Cantico dei Cantici. Fl 1974.

408. שיר נאה בהדורים לזמר לשמחת פורים. Ma 1654.

409. שיר נאה בהורים [sic] להתענג בו הנערים לזמר בשמחת פורים... Ve 1698.

410. Sonne, I. "Une source nouvelle pour l'histoire des martyrs d'Ancône." REJ 89 (1930), 360-80.

411. Steinschneider, M. "Literarische Beilage. Benjamin b. Jehuda aus Rom." HB 18 (1878), 106-10.

412. Tamani, G. "Parafrasi e componimenti poetici in volgare e in caratteri ebraici di Mordekhày Dato." IJ 2 (1986), 233-42.

413. Treves, M. "I termini italiani di Donnolo e di Asaf (sec. X)." LN 22 (1961), 64-6.

414. Ullendorf, E. and C.F.Beckingham. The Hebrew Letters of Prester John. O 1982.

    Rev: G.Garbini, RSO 56 (1982), 197-8.

415. Wilensky, M. "Zu Immanuels Sprache." MGWJ 73 (1929), 305.

See also items 17, 20, 40, 44, 47-8, 65, 144, 230-1, 234(:147-8), 235, 240, 253, 261, 263, 265-7, 270.

E. ONOMASTICS

416. Barduzzi, C.E. Bibliografia ebraica e giudaica in lingua italiana, con aggiunte dei cognomi portati da giudei residenti nel regno e Dodecaneso. R 1939.

417. Baron, S.W. "Jewish Immigration and Communal Conflicts in Seventeenth-Century Corfù." The Joshua Starr Memorial Volume, 169-82. NY 1953.

418. Ben Jeudi. "Cognome degli ebrei." Giornale degli eruditi e dei curiosi 4, no. 53 (1884), 27-30.

419. Berliner, A. לוחות אבנים. Hebräische Grabinschriften in Italien. Part 1. Frk 1881.

    Rev: M.Steinschneider, HB 21 (1881), 72-6.

420. Bernheimer, C. "Document relatif aux Juifs de Négrepont." REJ 65 (1913), 224-30.

421. ———. "La bibliothèque du Talmud Tora de Livourne." REJ 65 (1913), 301-9.

422. ———. Paleografia ebraica. Fl 1924.

423. בוקסנבוים, י., עורך. איגרות מלמדים. איטליה
שט"ו-שנ"א (1555-1591). TA 1985. Esp 404-8.

424. Bresc, H. and S.Goitein. "Un inventaire dotale des juifs siciliens: 1479." Mélanges d'archéologie et d'histoire 82 (1970), 903-17.

425. Bruzzone, P.L. "Les Juifs au Piémont." REJ 19 (1889), 141-6.

426. Cassandro, M. Aspetti della storia economica e sociale degli ebrei di Livorno nel seicento. Mi 1983. Esp 1669ff.

427. Cassuto, U. Gli ebrei a Firenze nell'età del rinascimento. Fl 1918. Esp 231-44.

428. ———. [מ.ד.] "כתובות עבריות באיטליה הדרומית".
ספר קלוזנר Eds. N.Torczyner et al., 240-2.
TA 1937.

429. Colorni, V. "Gli Ebrei a Sermide. Cinque secoli di storia." Scritti in memoria di Sally Meyer, 35-72. J 1956. Repr in his JM 1983, 409-42.

430. ———. "Ebrei in Ferrara nei secoli XIII e XIV." MSMDD 1969, 69-106. Esp 91-5.

431. ———. "Nuovi dati sugli Ebrei a Ferrara nei secoli XIII e XIV." RMI 40 (1973), 403-17. Repr in his JM 1983, 189-204.

432. ———. "Gli ebrei nei territori italiani a nord di Roma dal 568 agli inizi del secolo XIII." Settimane di studio del Centro Italiano di Studi sull'Alto Medioevo 26 (1978), 241-307. Repr in his JM 1983, 67-125 (with discussion 125-7).

433. ———. "La corrispondenza fra nomi ebraici e nomi locali nella pressi dell'ebraismo italiano." In his JM 1983, 661-825.

434. ———. "Ibid." IJ 1 (1983), 67-86.

435. דוד, א. "אגרונו של יוסף הכהן בעל עמק הבכא."
Italia 5 (1985), 7-105 (He pag).

436. Della Torre, L. "Die jüdischen Vornamen in Italien." Jüdisches Volksblatt 1 (1854), 147-8. Repr in his SS 2 (1908), 339-43.

437. Elenco dei cognomi ebraici. Erba 1938.

438. Falchi, L. La denominazione ebraica in Sardegna. Cagliari 1936.

439. Foà, S. "Cognomi ebraici in Piemonte nei secoli scorsi." Lunario israelitico 1932, 15-9.

440. Freimann, A. "Meschoullam Cusser de Riva et sa tombe." REJ 35 (1897), 111-2.

441. Gli Ebrei in Italia. Chi sono, quanti sono, come si chiamano. Tutti i cognomi delle famiglie ebraiche. R 1938.

442. Gollan, S.S. "La vie des Juifs de Rome de la moitié du XVIe siècle à la deuxième moitié du XVIIe siècle (d'après des documents tirés des Archives Historiques du Capitole à Rome)." REJ 144 (1985), 169-79.

443. Güdemann, M. Geschichte des Erziehungswesens und der Cultur der Juden in Frankreich und Deutschland 1. Vi 1880.

 Rev: I.Loeb, REJ 2 (1881), 158-61.

444. ———. Geschichte des Erziehungswesens und der Cultur der Juden in Deutschland während des XIV. und XV. Jahrhunderts 2. Vi 1888.

 Rev: I.Loeb, REJ 16 (1888), 302-4.

445. גומפרץ, י.ג.פ. "קריאת שמות בישראל." תרביץ 25 (1956), 340-53, 452-63.

446. Herzog, D. "Jüdische Grabsteine und Urkunden aus der Steiermark." MGWJ 75 (1931), 30-47.

447. Hildesheimer, J. Die Vaticanische Handschrift des Halahoth Gedoloth. B 1887 (Beilage zum Jahresbericht des Rabbiner-Seminars zu Berlin 1885-1886.)

448. I cognomi delle famiglie ebree in Italia. Varese 1938.

449. Kaufmann, D. "L'Inscription de Riva." REJ 31 (1895), 292-3.

450. ―――. "La pierre tumulaire de Meschoullam Kocer à Riva." REJ 33 (1896), 311-4.

451. ―――. "La famille קוצר ou Cousseri à Riva." REJ 35 (1897), 302-4.

452. Lagumina, B. and G. Codice diplomatico dei Giudei di Sicilia. Palermo 1884-5.

   Rev: M.Mortara, REJ 11 (1885), 306-10.

453. Lewin, L. "Aus ostjüdischer Geschichte II." MGWJ 72 (1928), 6-23.

454. Löwenstein, L. "Abbreviaturen." FSAB 1903, 255-64.

455. Markreich, M. "Notes on Transformation of Place Names by European Jews." Jewish Social Studies 23 (1961), 265-84.

456. Milano, A. "I cognomi degli ebrei romani nei secoli XVI-XVII." Studi romani 10 (1962), 10-24.

457. Pavoncello, N. Gli ebrei in Verona (della origine al secolo XX). Ver 1960. Esp 63-72.

458. Perani, M. "Appunti per la storia degli Ebrei in Sardegna durante la dominazione aragonese." Italia 5 (1985), 104-44.

459. Pisa, F. "Parnassim, le grandi famiglie ebraiche italiane dal sec. XI al XIX." ASE 10 (1980-4), 291-491.

460. Poznański, S. "Sull'onomastica ebraica III. Il cognome Kanzi." RI 9 (1912), 115-20, 212-3. Sep Fl 1912.

461. Roblin, M. "La démographie historique du judaïsme italien et l'anthroponymie." Revue anthropologique n.s. 1 (1955), 147-55.

462. ―――. "L'Histoire juive par les noms de famille. De Guastalla à Volterra, le bimillénaire des communautés italiennes." L'Arche 54 (1961), 52-5, 95.

463. Schaerf, S. I cognomi degli ebrei d'Italia. Fl 1925.

464. ―――. "Eigennamen der Juden Roms einst und jetzt." JFF 12 (1927), 287-9.

465. ———. "Die Familiennamen der Juden in Italien."
 JFF 48 (1938), 906-7; 49 (1938), 921-4.

466. Shulvass, M.A. The Jews in the World of the Renaissance.
 Ldn 1973. Esp 32-7.

467. Simonsen, D. "Le Pourim de Saragosse est un Pourim de
 Syracuse." REJ 59 (1910), 90-5.

468. Sirat, C. "Un nouveau manuscrit du Maḥzor Vitry." REJ
 125 (1966), 245-66.

469. Steinschneider, M. "Anzeigen." HB 16 (1876), 36-9;
 19 (1879), 11-5.

470. Stern, S. "Un circolo di poeti siciliani ebrei nel
 secolo XII." CFSLSB 4 (1956), 39-59.

471. Toaff, A. Gli ebrei a Perugia. Perugia 1975. Esp 101-4,
 125-7, 327-42.

472. ———. The Jews in Medieval Assisi 1305-1487. Fl 1979.

473. ———. "Commercio del denaro ed ebrei romani a Terni
 (1269-1299)." ASE 10 (1980-4), 247-90.

474. Vajda, G. "Une version hébraïque de la "Summa philoso-
 phiae" de Guillaume de Conches(?)." REJ 115 (1956),
 117-24.

475. Weisz, M. Katalog der hebräischen Handschriften und
 Bücher in der Bibliothek des Professors Dr.David
 Kaufmann. Frk 1906.

 Rev: L.Blau, REJ 53 (1907), 156-9.

476. Zoller, J. "Die Anfänge der Reformbewegung und das Juden-
 tum in Italien." Jeschurun 7 (1920), 389-95; 8 (1921),
 300-10.

477. Zolli, E. "Über italienisch-jüdische Familiennamen."
 Archiv für jüdische Familienforschung, Kunstgeschichte
 und Museumswesen 2 (1917?), 31-4.

478. ———. "Intorno ad alcuni nomi di famiglie ebraiche di Ancona." RMI 7 (1932), 278-9.

See also items 209, 255, 258, 260, 267(:19-20, 47), 268, 310, 313, 340, 359, 379, 390, 410, 427(:231-44), 577-8, 580-2, 675.

F. ETYMOLOGICAL COMPONENTS

1. NATIVE

479. Blondheim, D.S. "Vino judiego." RFE 9 (1922), 180-1.

480. Fornaciari, P.E. "Aspetti dell'uso del "bagitto" da parte dei Gentili." RMI 49 (1983), 432-54.

481. Giacomelli, R. "Dialetto giudaico-romanesco: jorbèdde = guardia; sísema = stizza, ira, collera." AR 21 (1937), 347-9. (Title differs slightly in the index.)

482. Levy, R. "Vieux provençal abostar." Romania 72 (1951), 230-6.

483. Spitzer, L. "Una locuzione giudeo-italiana." AR 23 (1939), 464.

484. Wagner, M.L. "Sardisch kenábura 'Freitag'." ZRPh 40 (1920), 619-21.

See also items 21, 31, 143, 158, 610(:869, 901).

2. HEBREW—JUDEO-ARAMAIC
(INCLUDING NON-JEWISH TRANSCRIPTIONS)

485. Artom, E.S. [הרטום, א.ש.]. "מבטא העברית אצל יהודי איטליה." לשוננו 61-52 ,(1947), 15.

486. ———. "לחקר דיבורם של יהודי פיימונטי." EJ 3 (1954), 261-5.

487. ———. "La pronuncia dell'ebraico presso gli Ebrei d'Italia." RMI 28 (1962), 26-30.

488. Bar-Asher, M. פרקים במסורת לשון חכמים של יהודי איטליה (על-פי כתב-יד פאריס 329-328).J 1980.

489. ─────. "La langue de la Mishna d'après les traditions des communautés juives d'Italie." REJ 145 (1986), 267-78.

490. קאסוטו, מ. ד. "היסוד העברי בלשון דיבורם של יהודי איטליה." לשוננו 91-188 (1949), 16.

491. Cohen, B. "Wandlungen der hebräischen Aussprache." Jeschurun 11 (1924), 457-63.

492. De Benedetti Stow, S. "Harara, pizza nel XIV secolo." AGI 68 (1983), 80-1.

493. Ehrman, A. "Jewish Aramaic in Old Romance?" JQR n.s. 69 (1978-9), 233-5.

494. פורטיס, א. "על מלים עבריות בתוך היצירה הספרותית בניבים האיטלקיים במאות י"ז-י"ח." לשוננו 42 (1978), 125-35.

495. גומפרץ, י.ג.פ. "השי"ן. טלטוליה וגלגוליה." תרביץ 13 (1942), 107-15.

496. ─────. "לתחלדות הגית היו"ד." תרביץ 15 (1944), 143-60.

497. ─────. מבטאי שפתנו. 1953 J.

498. Idelsohn, A.Z. "Die gegenwärtige Aussprache des Hebräischen bei Juden und Samaritanern." MGWJ 57 (1913), 527-45, 697-721.

499. Kopciowski, E. L'Elemento ebraico nel dialetto giudaico romanesco dall'epoca di Del Monte ai nostri giorni. Mi 1976-7.

500. Luzzatto, L. "Nota a proposito dell'autobiografia di Leon da Modena editor del Kahana." RI 9 (1912), 121-6.

501. Mann, J. "The Responsa of the Babylonian Geonim as a Source of Jewish History." JQR n.s. 7 (1916-7), 457-90; 10 (1919-20), 309-65.

502. Medici, P. Riti e costumi degli Ebrei confutati. 2nd ed Ve 1742. Esp 21.

503. Mieses, M. "Die jiddische Sprache. Ein historisch-grammatischer Versuch." MJV 21 (1920), 33-48.

504. Milano, A. "Glossario dei vocaboli e delle espressioni di origine ebraica in uso nel dialetto giudaico-romanesco." In item 345. 1955:217-66.

505. Morag, S. "Pronunciations of Hebrew." EJ(J) 13 (1971), col 1120-45.

506. Poma, C. [14th-century Turin names]. Gazetta letteraria, artistica e scientifica (Tu) 6 December 1884.

   Rev: I.Loeb, REJ 10 (1885), 289.

507. Simonsohn, S. "The Hebrew Revival among Early Medieval European Jews." SWBJV 2 (1974), 831-58.

See also items 21, 32, 226, 260, 317, 326, 339(:26, fn.58), 335(:49), 360, 390, 452(R), 510(:509-20, 522-3).

3. (JUDEO-)ARABIC

See item 451R(:310).

4. (JUDEO-)GREEK

See item 34.

5. JUDEO-IBERO-ROMANCE

508. Bedarida, G. [E.Ben David] "Vigilia di Sabato; tre atti in gergo ebraico-livornese." RMI 9 (1934), 183-200, 292-305, 342-61. Sep CC 1934.

509. ———. Ebrei di Livorno. Tradizioni e gergo in 180 sonetti giudaico-livornesi. Fl 1956.

Rev: F.Cantera Burgos, Sefarad 16 (1956), 426-7.
P.Fronzaroli, LN 17 (1956), 129.
M.L.Wagner, RF 69 (1957), 442-5.

510. Menarini, A. "Contributi gergali." AIVLSA 102, part 2 (1942-3), 497-525. Esp 506-9.

Rev: M.L.Wagner, LN 6 (1944-5), 74-8.
E.Peruzzi, Italica 24 (1947), 84-7.

511. ———. "Appunti sull'autarchia della lingua." LN 5 (1943), 18-22.

See also item 254(:295).

6. YIDDISH

512. Best, O.F. "Zur Etymologie von bigott." Die neueren Sprachen n.s. 18 (1969), 497-502.

513. Gold, D.L. "Yortsayt--the Most Far-Flung Yiddishism?" JLR 5 (1985), 123-7.

7. DISPUTED ORIGIN

a. baita

514. Cherubini, F. Vocabolario milanese-italiano. Mi 1839. Repr sep Mi 1968 and in Il libro dei vagabondi, ed. P.Camporesi, 271-81. Tu 1973.

515. Gamillscheg, E. "Zu Walter von Wartburgs Französischem Etymologischen Wörterbuch." ZRPh 43 (1923), 513-77. Esp 555-6.

516. ———. "Historia lingüística de los Visigodos." RFE 19 (1932), 229-60.

517. Pasquali, P.S. "Appunti lessicali furbeschi." ID 10 (1934), 241-62. Esp 257-8.

b. ghetto

518. Beranek, F.J. "Der jiddische Name der Prager Judenstadt." Mitteilungen aus dem Arbeitskreis für Jiddistik Folge 8 (1958), 110-2.

    Rev: M.Cortelazzo, LN 21 (1960), 39.

519. Cassuto, U. [On the etymology of ghetto]. VI 55 (1907), 150-2.

520. ———. "Ghetto und Judenviertel." EJ(B) 7 (1931), col 389-93. Esp 393.

521. Giacomelli, R. "Ghetto." AR 16 (1932), 556-63.

522. ———. "Ancora di "Ghetto"." AR 17 (1933), 415-20.

523. ———. "L'Origine di "Ghetto"." AR 19 (1935), 443-50.

524. Gutkind, C.S. "Zu "Ghetto"." ZRPh 52 (1932), 731.

525. Joffe, J.A. "פֿון וואנען שטאמט דאס ווארט "געטאָ"?" FŠ 1 (1926), col 205-10. Repr in AJSS 1 (1946), 260-2.

    Rev: L.Spitzer, FŠ 2 (1928), col 493-4. Repr in AJSS 1 (1946), 262-3.
    FŠ 2 (1928), col 491-3, י. װילער.

526. ——— and L.Spitzer. "The Origin of the Word 'Ghetto'." AJSS 1 (1946), 260-73. Repr item 525(R) with new replies by Joffe and Spitzer 263-73.

527. Lunel, A. Juifs du Languedoc, de la Provence et des Etats français du Pape. P 1975. Esp 76.

528. Prati, A. "Nomi di luoghi." ID 7 (1931), 209-53. Esp 227-30.

529. Roth, C. "In the Italian Ghetto." Menorah 1926, 577-88. Esp 579.

530. ———. "The Origin of Ghetto. A Final Word." Romania 60 (1934), 67-76. Repr in his PEJH 1953, 226-36.

531. ———. "Ghetto, note additionelle." Romania 60 (1934), 144. Repr in his PEJH 1953, 226-36.

532. Sainéan, L. Les sources indigènes de l'étymologie française. P 1925. Esp 2, 267.

533. Sermonetta, J.B. "Sull'origine della parola "ghetto"." Studi sull'ebraismo italiano in memoria di Cecil Roth, ed. E.Toaff, 185-201. R 1974. Rvs vers of: "על מקורה של המלה "גיטו"." תרביץ 195-206 ,(1963) 32.

534. Spitzer, L. "Ital. Lazzaretto--ital. Ghetto." Wörter und Sachen 6 (1914-5), 201-5. Esp 204-5.

535. Teza, E. "Intorno alla voce 'ghetto'. Dubbi da togliere e da risvegliare." AIVSLA 63 (1903-4), part 2, 1273-86.

536. Toaff, A. "Getto-Ghetto." AS 6 (1973), 71-7.

537. Weinryb, B. "Neue jiddische Literatur." MGWJ 73 (1929), 267-81. Esp 269 (on item 525).

538. Wolf, S.A. "Ursprung des Namens Ghetto für "Judenviertel"." BN 12 (1961), 280-3.

   Rev: M.Cortelazzo, BN 16 (1965), 38-40.

See also item 452R(:306, fn.1).

G. JUDEO-ITALIAN AND JUDEO-ITALIAN HEBRAISMS IN OTHER LANGUAGES

1. IN BALKAN JUDEZMO

539. Baruch, K. "El judeo-español de Bosnia." RFE 17 (1930), 113-54. Esp 122.

540. Crews, C.M. "A Possibly Italianate Judeo-Spanish MS." SEMGB 1966, 63-9.

541. Lamouche, L. "Quelques mots sur le dialecte espagnol parlé par les Israélites de Salonique." RF 23 (1907), 969-91.

   Rev: M.Schwab, REJ 56 (1908), 303.

542. Yahuda, A.S. "Contribución al estudio del judeo-español." RFE 2 (1915), 339-70. Esp 359-61.

2. IN HEBREW

543. Schramm, G.M. "A Hebraist's Comment on Graeco-Romance pizza, pitta." RPh 17 (1964), 403.

3. IN ITALIAN

544. Aldeano, A. [N.Villani]. Ragionamento sopra la poesia giocosa. Ve 1634. Esp 83.

545. Aly Belfàdel, A. "Sopra un gergo di commesi di negozio torinesi." AP 19 (1898), 633-6.

546. Ascoli, G.I. Studj critici 1. Gorizia 1861.

547. ———. Zigeunerisches. Ha 1865.

548. Baccetti-Poli, R. Saggio di una bibliografia dei gerghi italiani. Pa 1953.

549. Berneri, G. Il meo Patacca; o vero, Roma in feste nei trionfi di Vienna. R 1695. Esp song 12. (Title varies.)

550. ———. Ebreo finto conte overo tognino impazzito. pl? 1697. Esp canto XII, stanzas 19, 25, 38, 41, 45, 49, 52.

551. Bernini, G.L. Fontana di Trevi. pl? 1644. Repr, ed. C. D'Onofrio. R 1963.

552. Biondelli, B. Studii sulle lingue furbesche. Mi 1846.

553. Bonfante, G. "A Suggestion about the Origin of Italian putifiero 'hubbub, uproar'." JLR 4 (1984), 30-40.

554. ———. [Notes on Italian fasullo]. JLR 5 (1985), 424. See under R1998/1.

555. Cortina, C.A. "Tipi di criminali nati e d'occasione." AP 7 (1886), 294-5.

556. Cougnet e Righini. "Sopra alcune recenti espressioni gergali." AP 2 (1881), 103-5.

557. Debenedetti, S. "Parole in giudaico-romanesco in una commedia del Bernini." LN 31 (1970), 87-9.

558. Della Seta, F. "Gli ebrei nell'opera del Belli." RMI 21 (1955), 378-81, 427-9.

559. Frizzi, A. Il ciarlatano. Ma 1912. 3rd ed.

560. I.G. Rev of E.Littmann. RSO 8 (1919), 848-50.

561. Lombroso, C. L'Uomo delinquente. Tu 1897. 5th ed.
Esp 539.

562. Migliorini, B. "I nomi maschili in -a. Appunti di morfologia italiana." Studj romanzi 25 (1935), 5-76.
Esp 65, fn.4.

563. ———. "A proposito dell'italiano taccagno." RFE 48 (1965), 159-63.

564. Mutinelli, F. Lessico veneto che contiene l'antica fraseologia volgare e forense... Ve 1851. (on goi)

565. Prati, A. Voci di gerganti, vagabondi e malviventi... Pisa 1940. Esp 111, note 3, 172ff, 360ff.

566. ———. "Negro nei gerghi." LN 7 (1946), 87-8.

567. Tagliavini, C. "It. fasullo ∠ ebr. פָּסוּל." SOGLDV 2 (1956), 539-52.

568. Treimer, K. "Fremde Bestandteile im Gergo." ZRPh 61 (1941), 339-46.

Rev: M.L.Wagner, ZRPh 62 (1942), 346-70.

569. M.L.Wagner, "Über Geheimsprachen in Sardinien." Volkstum und Kultur der Romanen 1 (1928), 69-94.

570. Zanazzo, G. Usi, costumi e pregiudizi del popolo di Roma. Tu 1908. Esp 182-5, 465-70.

See also items 484, 510, 517 and section F 1.

4. IN MARRANO PORTUGUESE

571. Beccani, A. "Saggio storico-linguistico sugli Ebrei a Livorno." Bollettino storico livornese 5 (1941), 269-77.

572. ———. "Contributo alla conoscenza del dialetto degli Ebrei di Livorno." ID 18 (1942), 189-202.

573. Morreale, M. "Alcuni aspetti filologici della storia delle volgarizzazioni castigliane medioevali della Bibbia." CSFLSB 7 (1962), 319-37.

574. ———. "El sidur ladinado de 1552." RPh 17 (1963), 332-8.

575. Tavani, G. "Appunti sul giudeo-portoghese di Livorno." Annali. Istituto Universitario Orientale. Sezione Romanza 1 (1959), 61-99.

   Rev: M.L.Wagner, VR 19 (1960), 205-7.

576. ———. "Di alcune particularità morfologiche e sintattiche del giudeo-portoghese di Livorno." Actas do IX Congresso Internacional de Lingüística Românica (Lisboa 1959) 2, 283-8. Li 1961.

5. IN YIDDISH

577. Cuno, K. "Das Aufkommen der jüdischen Familiennamen im deutschen Sprachgebiet." MA, Bonn Univ 1969.

578. ———. Von Bonn bis Zürich--zu aschkenasischen Namen des Mittelalters. NY 1975. (Working Papers in Yiddish and East European Jewish Studies 12. YIVO.)

579. Gold, D.L. "Has the Textbook Explanation of the Origins of Yiddish and of Ashkenazic Jewry Been Challenged Successfully?" MQ 26 (1986), 339-63. (Rev of item 1090.)

580. Kracauer, I. "Die Namen der Frankfurter Juden bis zum Jahre 1400." MGWJ 55 (1911), 447-63, 600-13.

581. Salfeld, S. Das Martyrologium des Nürnberger Memorbuches. B 1898.

582. שיפּער, י. "דער אָנהייב פֿון "לשון אשכנז" אין דער באלייכטונג פֿון אנאמאטישע קוועלן". ייִדישע פֿילאָלאָגיִע 12‎-101, 3‎-2, (1924) 1.

583. Weinreich, M. "Prehistory and Early History of Yiddish: Facts and Conceptual Framework." The Field of Yiddish, ed. U.Weinreich 1, 73-101. NY 1954.

584. ―――. "בני הית און בני חית אין אשכנז: די פראָבלעם און וואס זי לאָזט אונדז הערן." שמואל ניגר בוך, eds. S.Bikel and L.Lehrer, 101-23. NY 1958. (JB 41).
He tr in לשוננו 23 (1959), 85-101.

585. ―――. "ראשית ההברה האשכנזית בזיקתה לבעיות קרובות של היידיש ושל העברית האשכנזית." לשוננו 27-8 (1964), 131-47, 230-51, 318-39.

See also items 32, 34, 40, 157.

H. CONTEMPORARY JUDEO-ITALIAN DIALECTS
(FROM THE LATE 19TH CENTURY UP TO THE PRESENT)

1. GENERAL DISCUSSIONS

586. Belleli, L. Greek and Italian Dialects as Spoken by the Jews in Some Places of the Balkan Peninsula. Lo 1905.

587. Camerini, D. "Ancora qualche osservazione sugli studi dialettali." VI 57 (1909), 505-7.

588. ―――. "Studj dialettali." VI 57 (1909), 358-9.

589. Cammero, G. "Studj dialettali." VI 57 (1909), 169-70, 214-5, 314-5, 359-61, 459-61, 504-5; 58 (1910), 8-9, 148-9, 207, 403-4, 448-50, 506-7, 543-5; 59 (1911), 25-6, 52-3, 102-4, 143-4.

590. Friedländer, J. "Sprichwörter und Redensarten." MGJV 8 (1901), 157.

591. Jochnowitz, G. "Judeo-Italian Lexical Items Collected by Zalman Yovely." Bono homini donum: Essays in Historical Linguistics in Memory of J.Alexander Kerns, eds. Y.L.Arbeitman and A.R.Bomhard 1, 143-57. A 1981.

592. Lattes, G. Dall'East End...al Cantico dei Cantici. Casale Monferrato 1910.

593. Luzzatto, G. "Jüdisch-italienisches." MGJV 8 (1901), 156.

594. Terracini, B. "Le parlate giudaico-italiane negli appunti di Raffaele Giacomelli." RMI 28 (1962), 260-95.

595. Tomasini, G. "Il gergo dei mercati ambulanti della Valle di Tasino." Aevum 15 (1941), 49-90. Esp 79.

See also items 17, 258, 318.

2. ANCONA

596. Spotti, L. Vocabolarietto anconitano-italiano. G-Modena 1929. Esp 97.

See also items 25-6.

3. APULIA

597. Papageorgios, Sp. "Merkwürdige in den Synagogen von Corfu im Gebrauch befindliche Hymnen." Verhandlungen und Vorträge des fünften Internationalen Orientalisten-Congresses (Berlin 1881). B 1882, part 2, 226-32.

See also item 363.

4. CASALE MONFERRATO

598. Foà, S. "Appunti d'archivio di storia ebraica monferrina." RMI 15 (1949), 113-21. Esp 116.

5. CORFÙ

599. Romanos, J.A. "Histoire de la communauté israélite de Corfou." REJ 23 (1891), 63-74.

See also items 198, 597.

6. FERRARA

600. Terracini, B. "Residui di parlate giudeo-italiane raccolti a Pitigliano, Roma e Ferrara." RMI 17 (1951), 3-11, 63-72, 113-21.

Rev: G.Vidossi, AGI 36 (1951), 176-7.

See also item 283.

7. FLORENCE

601. Benè Kedem. "La Gnora Luna (commedia). Scene di vita ebraica fiorentina." RMI 6 (1932), 546-79.

Rev: R.Giacomelli, AR 19 (1935), 139-41.

602. Levi, E. "La canzone della "Gnora Luna"." GSLI 57 (1916), 98-114.

8. GENUA

603. Terracini, C. and P.Diena. "Genova alla ricerca dei dialetti perduti." Ha-Tikwà 32 (1980), 7.

9. LEGHORN

604. Bedarida, G. [E.Ben David] <u>Un intermezzo di canzoni antichi, da ascoltarsi quand'è Purim</u>... Le 1928.

605. ———. <u>Il siglo d'argente</u>. CC 1935.

606. ———. "Il lascito del Sor Barocas." <u>RMI</u> 15 (1949), 182-92.

607. ———. "Alla "Banca di Memo"." <u>RMI</u> 16 (1950), 128-35. Repr with item 606 sep CC 1950.

608. [Guarducci, G.] <u>Poesie in gergo ebraico-livornese di Giovanni Guarducci, garibaldino, raccolte a cura degli amici</u>. Le 1923; 2nd ed 1925.

609. Modena Mayer, M. "Osservazioni sul tabù linguistico in giudeo-livornese." <u>SMUN</u> 1978, 166-79.

See also items 247, 480, 510-1, 571-2.

10. MANTUA

See item 283.

11. MODENA

610. Modena Mayer, M. and G.Merzagora Massariello. "Il giudeo-modenese nei testi raccolti da R.Giacomelli." <u>Rendiconti dell'Istituto Lombardo. Accademia di Scienze e Lettere, Classe di Lettere</u> 107 (1973), 863-938.

Rev: G.L.Luzzatto, <u>RMI</u> 40 (1974), 393-4.

12. PIEDMONT

611. Bachi, R. "Saggio sul gergo di origine ebraica in uso presso gli ebrei torinesi verso la fine del secolo XIX." RMI 4 (1929), 21-35.

612. Diena, P. "Il Giudeo-Piemontese: Tracce attuali e testimonianze sociolinguistiche." Tesi di Laurea, Univ of Tu 1979/80.

613. Foà, C. Un canto popolare piemontese e un canto religioso popolare israelitico: note e confronti. Pa 1879. Orig in Vita nuova no.11.

614. Jochnowitz, G. "Religion and Taboo in Lason Akodesh (Judeo-Piedmontese)." International Journal of the Sociology of Language 30 (1981), 107-17.

615. Levi, A. "Etimologie." Bollettino storico-bibliografico subalpino 18 (1913), 376-8.

616. ———. "Giudeo-piemontese." AR 8 (1924), 308.

617. ———. "Etimologie piemontesi." RASTA 63 (1928), 96-105.

618. Massariello Merzagora, G. "La parlata giudeo-piemontese." AGI 65 (1980), 105-36.

619. Sacerdote, G. "Di alcune voci dialettali e corrotte tra gl'israeliti piemontesi." VI 41 (1893), 14-7.

620. Terracini, B. "Due composizioni in versi giudeo-piemontesi del secolo XIX." RMI 12 (1938), 164-83.

621. Viriglio, A. Come si parla a Torino. Tu 1897. Repr in his L'Opera di Alberto Viriglio. Tu 1970.

13. PITIGLIANO

See item 600.

14. ROME

622. Astrologo, E. Sonetti e sonatine. R 1978.

623. Del Monte, Carlo. "Un centenario da non dimenticare. Crescenzo Del Monte, poeta romano." RMI 35 (1969), 123-35.

624. Huetter, G. "Crescenzo Del Monte poeta e filologo." Semaforo July-August 1955.

625. Scazzocchio Sestieri, L. "Sulla parlata giudaico-romanesca." Scritti in memoria di Enzo Sereni, eds. D.Carpi et al., 101-32. Mi-J 1970.

626. ———. "Apuntes para un estudio sobre el habla Giudaico-Romanesca." 5th WCJS 4, 115-23; He résumé 310. J 1973.

627. Tauro, M.G. "Ambiente e costume nella poesia giudaico-romanesca di Crescenzo Del Monte." L'Urbe n.s. 36 (1973), 9-17.

628. Trilussa [C.A.Salustri]. Tutte le poesie. Ver 1951.

See also items 260(:415-71), 342-5, 481, 499, 504, 600.

15. TRIEST

629. Stock, M. "Una poesia d'occasione in dialetto ebraico-triestino." RMI 36 (1970), 366-8.

630. Vidossich, G. "Studi sul dialetto triestino." Archeografo triestino n.s. 23 (1899-1900), 239-304; 24 (1901), 5-78.

See also item 562(:65, fn.4).

16. VENICE

631. Polacco, B. "Quarant'anni fa (tre tempi i giudeo-veneziano)." RMI 38 (1972), 584-617.

632. Zolli, P. "La parlata giudeo-veneziana." Venezia ebraica. Atti delle Prime Giornate di Studio sull'Ebraismo Veneziano, ed. U.Fortis, 153-60. R 1982.

See also items 254, 349.

I. HEBREW SCRIPTS

See item 38.

IV.

JUDEO-GALLO-ROMANCE

A. BIBLIOGRAPHIES

633. Banitt, M. Le glossaire de Bâle 1-2. J-Ldn 1972.

    Rev: K.Baldinger, ZRPh 89 (1973), 341-3.
    F.Lecoy, Romania 94 (1973), 285-6.
    E.Burstein, CCM 17 (1974), 363-5.
    C.Rabin, JJS 25 (1974), 463-4.
    G.Hilty, VR 36 (1977), 307-11.

634. Blondheim, D.S. "Tentative List of Extant Manuscripts of Rashi's Talmudical Commentaries." JQR n.s. 8 (1917-8), 55-60.

635. ————. "Liste des manuscrits des commentaires bibliques de Raschi." REJ 91 (1931), 71-101, 155-74. Sep P 1932.

636. Blumenkranz, B. "Une source de l'histoire médiévale des Juifs en France." AJ 3 (1966-7), 21-2.

637. ————. Auteurs juifs en France médiévale. Tou 1975.

638. ———— with the ass of M.Lévy. Bibliographie des Juifs en France. P 1974.

639. Hildenfinger, P. Bibliographie des travaux de M.Moïse Schwab (1860-1904). P 1905; add, REJ 56 (1908), 292-3.

640. Jacobs, J. and L.Wolf. Bibliotheca Anglo-Judaica. A Bibliographical Guide to Anglo-Jewish History. Lo 1888.

641. Kukenheim, L. "Judeo-Gallica ou gallo-judaica?" Neophilologus 67 (1963), 89-111.

    Rev: M.Banitt, CCM 7 (1964), 341-3.
    R.Levy, ZRPh 80 (1964), 375-81.
    G.Gougenheim, BSLP 60 (1965), 84-5.

642. Levy, R. Recherches lexicographiques sur d'anciens

textes français d'origine juive. Ba-Lo-P 1932.

   Rev: E.Bourciez, RCHL 99 (1932), 462-3.
        P.Barbier, MA 2 (1933), 146-8.
        O.Bloch, BSLP 34 (1933), 105-6.
        F.Vexler, RR 24 (1933), 254-6.
        J.Weill, REJ 94 (1933), 108.
        B.Gokkes, Neophilologus 19 (1933-4), 229-30.
        H.Pflaum [Peri], KS 10 (1933-4), 478-9.
        E.Gamillscheg, ZFSL 58 (1934), 125.
        U.T.Holmes, MLN 49 (1934), 543-4.
        B.Heller, MGWJ 82 (1938), 130-4.

643. ———. "A Note on the Latin Translators of Ibn Ezra." Isis 37 (1947), 153-5.

644. ———. Contributions à la lexicographie française selon d'anciens textes d'origine juive. Syracuse 1960.

   Rev: M.Rodinson, Bulletin des bibliothèques de France 6 (1961), no.1620.
        C.M.Crews, Archivum linguisticum 14 (1962), 103-7.
        F.Lecoy, Romania 83 (1962), 548.
        L.P.G.Peckham, RR 53 (1962), 138-40.
        R.L.Politzer, Symposium 16 (1962), 231-3.
        C.Roth, MLR 57 (1962), 100-1.
        W.Rothwell, MA 31 (1962), 67-9.
        A.H.Schutz, Speculum 37 (1962), 284-5.
        A.Rosellini, Studi francesi 7 (1963), 597-8.
        R.A.Hall Jr. and D.M.Feldman, Language 40 (1964), 282-4.
        G.E.Weil, CCM 8 (1965), 425-6.
        See also item 56R.

645. ———. Trésor de la langue des juifs français au moyen âge. Austin 1964.

   Rev: W.Bab, Leuvense Bijdragen 54 (1965), 71-2.
        G.A.Beckmann, RJ 16 (1965), 197-200.
        C.Camproux, RLgsR 76 (1965), 156-7. With the response of R.Levy, ibid. 77 (1966), 233.
        H.Plomteux, Orbis 14 (1965), 263-5.
        C.Sirat, REJ 124 (1965), 225-7.
        F.Whitehead, JSS 10 (1965), 312-4.
        G.Mermier, The French Review 39 (1965-6), 161-2.
        M.Banitt, Language 40 (1966), 61-4.
        F.J.Barnett, FS 20 (1966), 48.
        B.Blumenkranz, LMA 4th ser, 21 (1966), 616-22.

G.Gougenheim, BSLP 61 (1966), 57-8.
W.Rothwell, MA 35 (1966), 70-1.
W.Mettmann, ASNSL 203 (1966-7), 313.
L.Kukenheim, Lingua 18 (1967), 318-20.
G.E.Weil, OLZ 62 (1967), col 476-80.

646. Renan, E. [actually by A.Neubauer] "Les rabbins français du commencement du quatorzième siècle." Histoire littéraire de la France 27 (1877), 431-734; cor 740-53. Repr sep P 1969.

647. ———. "Les écrivains juifs français du XIVe siècle." Ibid. 31 (1893), 351-796; add and cor 796-802. Repr sep P 1969.

See also item 1.

B. GENERAL DISCUSSIONS

1. JUDEO-FRENCH

648. Agus, I.A. The Heroic Age of Franco-German Jewry. NY 1969.

649. Bacher, W. "Raschi." Jahrbuch für jüdische Geschichte und Literatur 9 (1906), 86-106.

650. Banitt, M. "לחקר הלקסיקוגרפיה היהודית-צרפתית".
תרביץ 31 (1962), 214-26.

651. ———. "L'Etude des glossaires bibliques des Juifs de France au moyen-âge, méthode et application." The Israel Academy of Sciences and Humanities. Proceedings 2, no.10, 188-210. J 1967.

652. ———. חקר הגלוסרים של יהודי צרפת בימי-הביניים.
1967 J (האקדמיה הלאומית הישראלית למדעים 10 ,B.).

653. ———. "Judeo-French." EJ(J) 10 (1971), col 423-5.

654. Bénichou, P. "La langue des Juifs français au moyen âge." Evidences 4 (1952), no.28, 29-34.

655. Levy, R. "References Made to Judaeo-French by Erhard Lommatzsch." ZFSL 66 (1956), 29-35.

656. ———. "L'Aspect linguistique de la littérature judéo-française." Cahiers de l'Association internationale des études françaises 9 (1957), 271-7.

657. ———. "The Use of Hebrew Characters for Writing Old French." MLLJF 2 (1970), 645-52.

658. Liber, M. "Raschi. Un rabbin de la France du Nord au XIe siècle." REJ 50 (1905), XXVI-LIII.

659. Schwab, M. "Transcriptions de mots européens en lettres hébraïques au moyen âge." Mélanges Julien Havet, 317-24. P-G 1895.

660. Smalley, B. The Bible in the Middle Ages. O 1952. Esp 124, 257, 261, fn.1.

See also items 9-10, 19, 28, 45, 101, 272, 443(:273-80), 642, 644-5.

2. JUDEO-PROVENÇAL

661. בערנפעלד, מ. ""שוּאָדיט"; דאָס אונטערגעגאַנגענע לשון פֿון די קאָמטאַדינער יידן". קיום 725-7 (1948) 12.
(Incorrect pag given in the index of the vol.)

662. Calman, M. The Carrière of Carpentras. O 1984.

663. Cerquand, J.-F. "Littérature populaire dans Avignon et le Comtat 1600-1830." Mémoires de l'Académie de Vaucluse 2 (1883), 72-95. Esp 90.

664. Chabaneau, C. "Cinq tensons de Guiraut Riquier." RLgsR ser 4, 2 (1888), 109-27. Esp 112-3.

665. Guttel, H. "Judeo-Provençal." EJ(J) 10 (1971), col 439-41.

666. Jochnowitz, G. "Shuadit: La langue juive de Provence." AJ 14 (1978), 63-7.

667. Kahn, S. "Thomas Platter et les Juifs d'Avignon." REJ 25 (1892), 81-96; 28 (1894), 118-41.

668. Lunel, A. "La littérature des Juifs du Comtat." Evidences 1950, no.7, 40-3.

669. ———. "Miracle d'une langue." Revue de langue et littérature d'oc 9 (1962), 19-25.

670. Roth, C. "The Liturgies of Avignon and the Comtat Venaissin." Journal of Jewish Bibliography 1 (1939), 99-105. Add by A.Marx, 100, 105.

671. שײַקאָװוסקי, ז. דאָס לשון פֿון די יִידן אין די אַרבע קהילות פֿון קאָמטאַ-װענעסען. NY 1948. Foreword by M.Weinreich, iv-vi (Eng pag), v-vii (Yiddish pag).

See also items 10, 28, 101, 527.

C. LANGUAGE NAMES

See items 33, 666, 671.

D. HISTORICAL TEXTS AND FRAGMENTS

1. JUDEO-FRENCH

672. Abraham, M. "Le commentaire de R.Joseph Bekhor-Schor sur le Lévitique." REJ 77 (1923), 41-60.

673. Ahrend, M.M. Le commentaire sur Job de Rabbi Yoséph Qara'. Etude des méthodes philologiques et exégétiques. Hi 1978.

674. Aptowitzer, V. "Deux problèmes d'histoire littéraire. (Commentaires bibliques avec gloses françaises)." REJ 55 (1908), 84-95.

675. ─────. מבוא לספר ראבי"ה. J 1938.

676. Aron, A.J. Das hebräisch-altfranzösische Glossar der Leipziger Universitäts-Bibliothek (MS 102). Erlangen 1907. Extracts appeared in RF 22 (1907), 828-82.

   Rev: M.Liber, REJ 55 (1908), 312-4.
   E.Herzog, ZRPh 33 (1909), 636.
   L.Brandin, Romania 41 (1912), 284-8.

677. Banitt, M. [Berenblut] "Some Trends in Mediaeval Judaeo-Romance Translations of the Bible." RPh 3 (1950), 258-61.

678. ─────. "Fragment d'un glossaire judéo-français du moyen âge (à la Bibliothèque Nationale et Universitaire, Strasbourg)." REJ 120 (1961), 259-96.

   Rev: F.Lecoy, Romania 84 (1963), 428-9.

679. ─────. "Les poterim (glossateurs)." REJ 125 (1966), 21-33.

680. ─────. "The La'azim of Rashi and the French Biblical Glossaries." The World History of the Jewish People. The Dark Ages. Jews in Christian Europe 711-1096, eds. C.Roth and I.H.Levine, 2nd ser, 2, 291-6, 437-8, 463. New Brunswick, NJ 1966.

681. ─────. "פירוש רש"י למקרא ולעז העולם." ספר זכרון בנימין דה-פריס: קובץ מחקרים של חבריו ותלמידיו, עורך, ע.צ.מלמד, 67-252. J 1968.

682. ─────. "Une formule d'exorcisme en ancien français." Studies in Honor of Mario A.Pei, eds. J.Fisher and P.A.Gaeng, 37-48. Chapel Hill 1972.

683. ─────. "Le français chez Rachi." Rachi, ed. M.Sperber, 123-38. P 1974.

684. ─────. Rashi. Interpreter of the Biblical Letter. TA 1985.

685. Beckmann, G.A. "Zur jüdischen Dichtung in altfranzösischer und altprovenzalischer Sprache. Die Frage des anisosyllabischen und des frei-isosyllabischen Versbaus." RJ 15 (1964), 85-106.

686. Berliner, A. "Zu dem Raschi-Commentare." MGWJ 11 (1862), 312-7.

687. ———. Raschi in Pentateuchum Commentarius. B 1866. Repr as Raschi, der Kommentar des Salomo b. Isak über den Pentateuch. Frk 1905.

688. ———. Beiträge zur Geschichte der Raschi-Commentare. B 1903.

Rev: S.Eppenstein, ZHB 7 (1903), 99-101.

689. ———. Die altfranzösischen Ausdrücke im Pentateuch-Commentar Raschi's. Kr 1905.

690. ———. "Das jüdische Soissons." Jeschurun 2 (1915), 128-32.

691. Bernheimer, C. "Deux fragments d'un glossaire hébreu-français du XIIIe siècle." REJ 75 (1922), 23-43.

692. Biblia latina cum postillis Nicolai de Lyra. Ve 1481.

693. Blondheim, D.S. "Contributions à la lexicographie française d'après les sources rabbiniques." Romania 39 (1910), 129-83. Sep as thesis, JH Univ, P 1910.

694. ———. "Les gloses françaises dans les oeuvres de Raschi." AIBL 1919, 306.

695. ———. "Poésies judéo-françaises." Romania 52 (1926), 17-36.

696. ———. Poèmes judéo-français du moyen âge. P 1927. Repr from REJ 82 (1926), 379-93; 83 (1927), 22-51, 146-62 and item 695 (entitled "Contributions à l'étude de la poésie judéo-française").

Rev: J.Weill, REJ 84 (1927), 186-7.
A.-H.Schutz, MPh 26 (1928-9), 235-7.

697. ———. "Notes judéo-romanes." Mélanges de philologie offerts à M.Antoine Thomas, 35-41. P 1927.

698. Boehmer, E. "Communicazione." Rivista di filologia romanza 1 (1872), 394.

699. ————. "De vocabulis francogallicis judaice transcriptis." RS 1 (1872), 197-220.

   Rev: G.Paris, Romania 1 (1872), 394; 2 (1873), 141, fn.1.
   A.Darmesteter, Romania 4 (1875), 502-3.

700. Brandin, L. Les loazim de Gerschom ben Juda. ENCPT Tou 1898.

701. ————. "Les gloses françaises (loazim) de Gerschom de Metz." REJ 42 (1901), 48-75, 237-52; 43 (1901), 72-100.

   Rev: J.Subak, ZRPh 29 (1905), 469-72.

702. בובר, ש. וי. פריימאן, עורכים. סדור רש"י. B 1911.

703. Caro, J. "Das Wort Rabbi im nichtjüdischen Schrifttum." MGWJ 62 (1918), 33-6.

704. Catane, M. [P.Klein]. La vie privée en France au XIe siècle d'après les commentaires de Raschi. ENCPT. P 1949.

705. ————. "Les leazim de Rachi." L'Arche 162-3 (1970), 69-71.

706. ————. Etude sur les le'azim "gloses françaises" de Yossef Qara' dans son commentaire du Livre de Job. J 1978.

707. ————. אוצר הלעזים: המלים הצרפתיות שבפירושי רש"י על התלמוד.... TA 1984. (A tr of items 714-5.)

   Rev: מ. ארנד, המעין 25(2) (1985), 53-8.
   י. מלכי, המעין 25(3) (1985), 63-4.

708. Darmesteter, A. "Gloses et glossaires hébreux-français du moyen âge." Romania 1 (1872), 146-76. Sep P 1878. Repr in his Rel 1890, 165-95.

709. ————. "Rapport sur une mission en Angleterre." AMSL 2nd ser, 7 (1872), 87-100. Repr in his Rel 1890, 107-18.

   Rev: M.Steinschneider, HB 15 (1875), 5.

710. ———. "Deux élégies du Vatican." Romania 3 (1874), 443-86. Repr in his Rel 1890, 265-307.

   Rev: M.Steinschneider, HB 15 (1875), 3-4.

711. ———. "Rapports sur une mission en Italie." AMSL 3rd ser, 4 (1877), 383-432. Repr in his Rel 1890, 119-64.

712. ———. "L'Autodafé de Troyes (24 avril 1288)." REJ 2 (1881), 199-247. Repr in his Rel 1890, 217-64.

713. ———. "Les gloses françaises de Raschi dans la Bible." (Edited by L.Brandin and J.Weill.) REJ 53 (1907), 161-93; 54 (1907), 1-34, 205-35; 55 (1908), 72-83; 56 (1908), 70-98. Sep P 1909.

   Rev: A.Thomas, Romania 39 (1910), 108-11.
   M.Liber, REJ 63 (1912), 132-3.

714. ——— and D.S.Blondheim. Les gloses françaises dans les commentaires talmudiques de Raschi 1. Texte des gloses. P 1929. (See also item 707.)

   Rev: E.H.Lévy, REJ 87 (1929), 213-5.
   I.Löw, JQR n.s. 21 (1930-1), 327-8.
   B.Gokkes, Neophilologus 16 (1931), 146-8.
   F.Vexler, RR 24 (1933), 254-6.
   B.Heller, MGWJ 78 (1934), 533-8.

715. ———. Les gloses françaises dans les commentaires talmudiques de Raschi 2. Etudes lexicographiques. Ba-Lo-O-P 1937. (See also item 707.)

   Rev: B.Heller, MGWJ 82 (1938), 130-4.
   L.Brandin, MLN 54 (1939), 51-3.

716. Delitzsch, F. "Glossarium perpetuum in V.T. hebraeo-gallico-germanicum." Jessurun 15 (1838), 241ff, 248ff, 251ff.

717. ———. "Zur Geschichte der hebräischen Grammatik und Masoretik. Ein altes hebräisch-französisch-deutsches Glossar." Der Orient 5 (1844), col 294-300.

718. Einstein, R. "R.Josef Kara und sein Commentar zu Kohelet." Magazin für die Wissenschaft des Judenthums 13 (1886), 205-64.

719. אלבוגן, י.מ. "דוגמאות מפירוש רש"י על יחזקאל, כתב יד". Księga pamiątkowa ku czci Dra Samuela Poznańskiego (1864-1921), 204-14. W 1927.

720. Eppenstein, S. "פירוש ר' יוסף קרא על מיכה". FSAB 1903, 17-26 (He pag).

721. ———. "פירוש ספר שופטים לר' יוסף קרא". JJLG 4 (1906), 1-28 (He pag).

722. ———. "פירוש ספר שמואל לר' יוסף קרא". JJLG 4 (1906), 1-37 (He pag).

723. ———. "Joseph Kara's Kommentar zum I. Buch Samuel." JJLG 7 (1909), 362-6.

724. ———. "Josef Kara's Kommentar zum II Buch Samuel." JJLG 8 (1910), 432-5.

725. ———. "פירוש ספר שמואל ב' לר' יוסף קרא". JJLG 8 (1910), 1-28 (He pag).

726. Epstein, A. "Der Gerschom Meor ha-Golah zugeschriebene Talmud-Commentar." FSMS 1896, 115-46.

727. Fleg, E. Anthologie juive du moyen âge à nos jours. P 1923. (Contains a modern French tr of the "Martyrs de Troyes" 1288 with notes.) Esp 106-8.

728. Gamillscheg, E. Rev of A.Dauzat, Dictionnaire étymologique de la langue française. P 1938. ZFSL 63 (1939-40), 244-54. Esp 248-54.

729. Ginsburger, M. "Simson ha-Naqdan." REJ 84 (1927), 160-75.

730. Golb, N. "New Light on the Persecution of the French Jews at the Time of the First Crusade." AAJRP 34 (1966), 1-63.

731. Gross, H. "Etude sur Simson ben Abraham de Sens." REJ 7 (1883), 40-77.

732. ———. "Ein anonymer handschriftlicher Kommentar zum Machsor." ZHB 11 (1907), 169-81.

Rev: M.Liber, REJ 57 (1909), 297.

733. Grünwald, M. "Das altfranzösische bei Raschi." Das jüdische Centralblatt 1 (1882), 67-8, 89-90, 105, 117-8, 132; 2 (1883), 17-8, 31-2, 39-40. Sep as "Das altfranzösische aus Raschi's Bibelcommentar." In his Zur romanischen Dialektologie 1-2. Belovar 1883.

Rev: W.Meyer-Lübke, LGRP 5 (1884), col 472-5.

734. Haymann, L., ed. Rabbi Salomo Jarchi's ausführlicher Commentar über den Pentateuch 1. Bonn 1833.

735. Heller, B. "Einige Neuerscheinungen über französisch-jüdische Beziehungen in Sprache und Schrifttum." MGWJ 82 (1938), 130-41.

736. Kahn, Z. "Etude sur le Livre de Joseph le Zélateur." REJ 1 (1880), 222-46; 3 (1881), 1-38.

737. Katzenellenbogen, L. Eine altfranzösische Abhandlung über Fieber. Würzburg 1933. (PhD, Univ of Würzburg.)

738. Kaufmann, D. "Buxtorf's Aruchhandschrift." MGWJ 34 (1885), 185-92, 225-33.

739. Klein, [J.] "Randbemerkungen "zu dem Raschi-Commentare"." MGWJ 11 (1862), 435-7.

740. Koenigsberger, B. Fremdsprachliche Glossen bei jüdischen Commentatoren des Mittelalters 1. R.Gerschom ben Jehuda. Pasewalk 1896.

741. ———. Hiobstudien: Exegetische Untersuchungen zum Buche Hiob nebst einer Einleitung zum Buche. Br 1896.

742. Kopf, L. "Les gloses françaises dans deux commentaires du Taršiš de Moïse Ibn Ezra (Ms.Munich No.211, Ms. Hambourg No.32)." REJ 111 (1951-2), 87-142.

743. ———. "הלעזים שבספר שער השמים לגרשום בן שלמה." 24 (1955), 150-66, 274-89, 410-25; 25 (1956), 36-43.

744. Kupfer, F. and T.Lewicki. Źródła hebrajskie do dziejów słowian i niektórych innych ludów środkowej i wschodniej Europy. Br-W 1956.

745. Lambert, M. "הביאורים הנמצאים בספר והלעזים אשר באוצר הספרים הלאומי בעיר פאריש." Festschrift zu Ehren des Dr.A.Harkavy, 368-90. StPetersburg 1908.

746. ――― and L.Brandin, eds. Glossaire hébreu-français du XIIIe siècle. P 1905.

   Rev: W.Bacher, JQR 17 (1905), 800-7.
        I.Lévi, REJ 50 (1905), 278-9.
        W.Meyer-Lübke, LGRP 26 (1905), col 405-6.
        M.Schwab, JA ser 10, 6 (1905), 563-5.
        S.Poznański, MGWJ 50 (1906), 376-84.
        A.Thomas, Romania 36 (1907), 445-7.

747. לנדא, מ. ספר מרפא לשון. Odessa 1864.

748. Leveen, J. "A Mahzor of the School of Rashi in the Cambridge University Library." REJ 125 (1966), 127-49.

749. Lévi, I. "Fragments d'un glossaire hébreu-français." REJ 50 (1905), 197-210.

750. Levy, R. The Astrological Works of Abraham Ibn Ezra, a Literary and Linguistic Study, with Special Reference to the Old French Translation of Hagin. P 1927.

   Rev: L.Brandin, REJ 84 (1927), 212-4.
        C.Brunel, LMA 2 ser, 28 (1927), 343.
        A.H.Schutz, MPh 25 (1927), 243-4.
        U.T.Holmes, MLN 43 (1928), 193-4.
        L.M.Levin, RR 19 (1928), 344-7.
        A.Marx, Romania 54 (1928), 136-8.
        [anon], Neophilologus 14 (1929), 306.
        W.Gundel, ZFSL 52 (1929), 133-6.
        J.Millás-Vallicrosa, EUC 14 (1929), 181-2.
        M.Plessner, OLZ 32 (1929), col 359-61.
        A.Hilka, ZRPh 53 (1933), 624.

751. ―――. "The Position of Abraham ibn Ezra in Judaeo-Romance." Jewish Forum 13 (1930), 16-23.

752. ―――. "Les gloses françaises chez Simon de Sens." REJ 101 (1937), 102-7.

753. ―――. "Rashi's Contribution to the French Language." JQR n.s. 32 (1941-2), 71-8.

754. ―――. "Un fragment inédit en judéo-français." RPh 16 (1962), 173-8.

755. ———. "Les gloses françaises dans le Pentateuque de Raschi." French and Provençal Lexicography. Essays Presented to Honor Alexander Herman Schutz, eds. U.T.Holmes and K.R.Scholberg, 56-80. Columbus 1964.

756. ——— and F.Cantera Burgos, eds. The Beginning of Wisdom. An Astrological Treatise by Abraham ibn Ezra. Ba 1939.

   Rev: S.Gandz, Speculum 14 (1939), 384-7; ibid., Isis 32 (1940), 138-41.
   H.Pflaum [Peri], KS 16 (1940), 358-61.
   L.W.Rosenberg, RR 31 (1940), 292-3.
   B.Heller, PhQ 20 (1941), 88-90.

757. Liber, M. Rashi. Ph 1906. Esp 98-102.

   Rev: M.Schloessinger, ZHB 10 (1906), 167-9.

758. Löw, I. "Pflanznamen bei Raschi." FSAB 1903, 231-54.

759. Loewenthal, A. "ספר חיי עולם." Festschrift zum achtzigsten Geburtstag...des Herrn Rabbiners Dr. Wolf Feilchenfeld, eds. Koeningsberger and Silberberg, 43-9 (He pag). Pleschen-Schrimm 1907.

760. S.D.Luzzatto's hebräische Briefe, gesammelt von seinem Sohne Dr. Isaias Luzzatto, ed. E.Gräber. Przemyśl 1882.

   Rev: I.Loeb, REJ 5 (1882), 118-9.

761. Maarsen, J. Een editio critica van Raschi's commentaar der kleine Profeten. A 1929.

   Rev: S.Seeligman, MGWJ 73 (1929), 497-8.

762. ———. "Raschis Kommentar zu den zwölf kleinen Propheten und zwei der ältesten Handschriften." MGWJ 73 (1929), 308-13.

763. ———. "Raschis Kommentar zu Sprüche und Job." MGWJ 83 (1939), 442-56.

764. Mathews, H.J. "Anonymous Commentary on the Song of Songs." FSMS 1896, 238-40.

765. Mueller, J. תשובות הכמי צרפוו ולותיר. Réponses faites par de célèbres rabbins français et écrivains des XIe et XIIe siècles... Vi 1881.

    Rev: A.Neubauer, REJ 3(1881), 153-6.

766. נייםאנן, י. פירוש על התורה לרבינו יוסף בכור שור ז"ל. מחברת ד': ספר במדבר. Br-Frk 1900.

767. Neubauer, A. "Un vocabulaire hébraïco-français." RS 1 (1872), 163-96.

768. ———."Le Memorbuch de Mayence. Essai sur la littérature des complaintes." REJ 7 (1882), 1-30.

769. Nutt, J.W., ed. Commentaries on the Later Prophets. R.Eleazar of Beaugency 1. Isaiah. Lo-P-Frk 1879.

770. Oesterreicher, J. "Beiträge zur Geschichte der jüdisch-französischen Sprache und Literatur im Mittelalter." XXXII. Jahres-Bericht der gr.-or. Ober-Realschule in Czernowitz, 3-32. Czernowitz 1896.

    Rev: E.Herzog, ZRPh 22 (1898), 132-3.

771. Omont, H. Spécimens de caractères hébreux, grecs, latins et de musique, gravés à Venise et à Paris par Guillaume Le Bé (1545-1592). P 1889. (Mémoires de la Société de l'Histoire de Paris et de l'Île de France 15.)

772. Perla, K.A. Glossaire de tous les loazes usités dans le commentaire de Rashi sur le Pentateuque, expliqués et traduits en français (moderne), allemand et russe. W 1913.

773. Perles, J. "Das Buch Arûgath habbosem des Abraham b.Asriel." MGWJ 26 (1877), 360-73.

774. Pflaum, H. [Peri] "Deux hymnes judéo-français du moyen-âge." Romania 59 (1933), 389-422; cor ibid., 60 (1934), 144.

775. ———. "החפלה והפיוט בלשון-לעז בימי הביניים". תרביץ 426-40 (1955), 24.

776. ─────. "פיוטים מהמחזור בצרפתית עתיקה."
 תרביץ 82-154, (1956) 25.

777. Porges, N. Joseph Bechor Schor, ein nordfranzösischer Bibelerklärer des XII. Jahrhunderts. Lpz 1908.

 Rev: M.Liber, REJ 58 (1909), 907.

778. ─────. "Fragment d'un glossaire hébreu-français du XIIIe siècle." REJ 67 (1914), 183-94.

779. Poznański, S.A. (או אליעזר ר' הושע ספר על "פירוש אלעזר) מבלגנצי." הגורן 127-98, (1902) 3. Sep Ber 1902.

780. ─────. "פתרוני רבי מנחם בר חלבו לכתבי הקדש."
 ספר היובל. הובל שי לכבוד נחום סאקאלאו, 389-439.
 W 1904.

781. ─────. Un commentaire sur Job de la France septentrionale. P 1906 and in REJ 52 (1906), 51-70, 198-214.

782. ─────. "Le commentaire du Pentateuque d'Ephraīm b. Simson." REJ 62 (1911), 123-5.

783. ─────. פירוש על יחזקאל ותרי עשר לרבי אליעזר מבלגנצי.
 W 1914. See also author's discussion in ZHB 17 (1914), 99-102.

784. Richardson, L.McD. "A Linguistic Study of an Old French Medical Treatise (Codex Berlin hebraicus no.233)." MA, JH Univ, Ba 1924.

785. Sainéan, L. "Autour des sources indigènes. Etudes d'étymologie française et romane." AR ser 2, 20 (1935), 48-54.

786. Saye, H. "A Linguistic Study of an Old French Medical Treatise (Codex hebraicus no.233)." MA, JH Univ, Ba 1931.

787. Schechter, S. "Notes on Hebrew MSS. in the University Library at Cambridge." JQR 4 (1892), 245-55.

788. Schlessinger, G. Die altfranzösischen Wörter im Machsor Vitry nach der Ausgabe des Vereins "Mekice nirdamim". Mainz 1899.

 Rev: A.Zauner, LGRP 21 (1900), col 139-40.

L.Brandin, Romania 30 (1901), 130-2.
L.Levy, MGWJ 47 (1903), 378-9.

789. שלוסברג, א.ל. פירוש ירמיהו מר' יוסף ב"ר שמעון קרא.
P 1881. Esp 11-2, 15, 45-6, 48.

790. Schwab, M. "Le mot אלמוגים." REJ 66 (1913), 138-40.

791. Simon, J. "Les manuscrits hébreux de la Bibliothèque de la Ville de Nîmes." REJ 3 (1881), 225-37.

792. Sirat, C. "Un rituel juif de France de la Bibliothèque nationale de Paris." BIIRHT 9 (1960), 65-9.

793. ————. "Le rituel juif de France: le manuscrit hébreu 633." REJ 119 (1961), 7-40.

794. ————. "Le manuscrit hébreu no.1408 de la Bibliothèque nationale de Paris." REJ 123 (1965), 335-58.

795. ————. "Le "Vademecum" d'un rabbin allemand du XIIIe siècle." Judentum im Mittelalter, ed. P.Wilpert with the ass of W.P.Eckert, 92-8. B 1966.

796. ———— and I.S.Révah. "Un maḥzor espagnol du XIIIe siècle avec des préscriptions rituelles en castillan (Paris, Bibliothèque nationale, ms. hébreu 591)." REJ 120 (1961), 353-63.

797. שפיגל, ש. "מפתגמי העקדה; שרופי-בלו"יש והתחדשות עלילת הדם." ספר היובל לכבוד מרדכי מנחם קפלן, 87-267.
NY 1953.

798. Steinschneider, M. "Ysopet hebräisch. Ein Beitrag zur Geschichte der Fabeln im Mittelalter." Jahrbuch für romanische und englische Sprache und Literatur 13 (1873), 351-67.

799. ————. "Eine altfranzösische Compilation eines Juden über die Fieber in hebräischer Schrift." Virchow's Archiv für pathologische Anatomie und Physiologie und für klinische Medizin Folge 13, 6 (1894), 399-402. Also sep B 1894. See also the report in Vossische Zeitung (B) of 13.5.94.

800. Stern, M. Lieber des venezianischen Lehrers Gumprecht von Szczebrszyn (um 1555). B 1922.

801. Sulzbach, A. "Ein Hiob-Commentar eines anonymen Verfassers." JJLG 8 (1911), 436-9; (He pag) 29-86.

802. Talmud bavli. Order mo'ed. Tractate Rosh hashanah. Basle 1579.

803. Theodor, J. "Die Laazim in den alten Kommentaren zu Bereschit rabba." Festschrift Adolf Schwarz zum siebzigsten Geburtstage, ed. S.Krauss, 361-88. B-Vi 1917.

804. Urbach, E. "Etudes sur la littérature polémique au moyen-âge." REJ 100 (1935), 49-77.

805. Vajda, G. "Un traité de morale d'origine judéo-française." REJ 125 (1966), 267-85.

806. וויים, מ. "ספר על הכל". הגורן 111-76 (1907), 7. Sep Ber 1907.

    Rev: I.Wellesz, REJ 58 (1909), 145-9.

807. Wellesz, J. "Über R.Isaak b.Mose's "Or Sarua"." JJLG 4 (1906), 75-124.

808. Windfuhr, W. Französische Wörter im Mischnakommentar des R.Simon ben Abraham de Sens. Glückstadt 1935. (XIX. Internationaler Orientalistenkongress in Rom, 23-29 September 1935.)

    Rev: A.Wendel, OLZ 40 (1937), col 30-1.

809. Wright, W.A. A Commentary on the Book of Job. Lo 1905.

    Rev: S.Poznański, OLZ 9 (1906), col 339-44.

810. ———. "French Glosses in the Leipsic MS. No.102 (13th cent.) from the Commentary on Job." Journal of Philology 31 (1910), 299-317.

811. Zunz, L. "Salomon ben Isaac, genannt Raschi." ZWJ 1823, 277-385.

812. Zweig, A. "Der Pentateuch-Kommentar des Joseph Bechor-Schor zum fünften Buche Moses." MGWJ 57 (1913), 546-58, 722-34; 58 (1914), 49-62.

See also items 20, 156-7, 200, 203, 230, 235, 348, 351, 369-78, 390, 455, 468, 501, 641, 696 and sections IV A-B1 above and IV F, 1-3 below.

2. JUDEO-PROVENÇAL
(INCLUDING DESCRIPTIONS OF CONTEMPORARY VESTIGES)

813. Amado, P. "Le théâtre judéo-comtadin." Mémoire pour le diplôme d'études supérieures. Sor, P 1938. See also note in Bulletin de la Société des historiens du théâtre 6 (1938), 83-4.

814. ―――. "Un document judéo-comtadin du XVIIIe siècle: La Reine Esther, pièce en 2 actes." L'Arche 27 (1959), 36-9.

815. Asher, A. "Hebräisch-provenzalische Volkslieder." Der Orient 5 (1844), col 733-4.

816. Astruc, M. and J.Lunel. La Reine Esther... Hag [Car] 1774. Ed and repr by E.Sabatier as Chansons hébraïco-provençales des Juifs comtadins. Réunies et transcrites. Nîmes 1877, incomplete 2nd ed Car 1970. Orig written by M.Astruc in the late 17th century.

817. Bardinet, L. "Antiquité et organisation des juiveries du Comtat Venaissin." REJ 1 (1880), 262-92.

818. בן אבא מרי, י. ספר העיטור.
    Written 12th century; printed Ve 1608.

819. Blondheim, D.S. "Notes étymologiques et lexicographiques." Mélanges de linguistique et de littérature offerts à M.Alfred Jeanroy par ses élèves et ses amis, 71-80. P 1928.

820. Boyer, R. "Un piyout judéo-comtadin inédit." Evidences 1956, no.59, 27-9.

821. Brun, G. Les Juifs du Pape à Carpentras. Car 1975. Esp 157-79.

822. Crémieux, S. and M. Chants hébraïques suivant le rite des communautés israélites de l'ancien Comtat-Venaissin. Aix 1886.

823. Doniach, N.S. "Abraham Bédersi's Purim Letter to David Kaslari." JQR n.s. 23 (1932-3), 63-9.

824. Fürst, J. Glossarium graeco-hebraeum. Oder: Der griechische Wortschatz der jüdischen Meisterwerke. Str 1892.

   Rev: J.Cohn-Burgkundstadt, MGWJ 37 (1893), 282-5, 429-34, 485-8.

825. Gollancz, H. The Ethical Treatises of Berachya, Son of Rabbi Natronaï ha-Nakdan... Lo 1902.

826. Hirschler, R. "Petit vocabulaire comprenant à peu près tous les mots et expressions judéo-provençales employés par les israélites dits comtadins avec étymologie." Calendrier à l'usage des israélites pour l'année religieuse 5655, 26-32. Tou 1894.

827. Ink, A. "Uebersetzung und Umschreibung des von Herrn Asher mitgeteilten... hebräisch-französischen Volksliedes." Der Orient 6 (1845), col 90-2.

828. Jochnowitz, G. "...Who Made me a Woman." Commentary April 1981, 63-4.

829. כרמי, א. סדר התמיד. Av 1767.

830. כרמי, מ. הואיל משה באר על סדר התמיד. Av 1829.

831. Lazar, M. "Epithalames bilingues hébraïco-romans dans deux manuscrits du XVe siècle." Mélanges de philologie romane dédiés à la mémoire de Jean Boutière, eds. I.Cluzel and F.Pirot 1, 333-46. Liège 1970.

832. ————. "שירי חתונה קטלן-פרובנצליים (מאה הי"ד-ט"ו)." Haim Shirman Jubilee Volume, eds. Sh.Abramson and A.Mirsky, 159-77. J 1970.

833. Loeb, I. "Manuscrits israélites provençaux." FJ 33 (1890-1), 240-1.

834. Lunel, A. Esther de Carpentras ou le Carnaval Hébraïque. P 1926.

835. ————. "Liesses, farces et bombances juives dans le Comtat." Palestine 10-2 (1930-1), 11-20.

836. ————. "Humour gaillard des Juifs provençaux." Revue de la pensée juive 2 (1951), no.6, 53-60.

837. ————. "Mistral et le judaïsme." Actes et mémoires du IIe Congrès International de Langue et Littérature du Midi de la France (Aix, 2-8 sept. 1958), 407-15. Aix 1961.

838. ————. "Quelques aspects du parler judéo-comtadin." L'Arche 94 (1964), 43-5.

839. ————. "Les conversations chez les judéo-comtadins." Les nouveaux cahiers 2 (1967-8), 51-4.

840. Maulde de R. (Maulde la Clavière). "Les Juifs dans les états français du Saint-Siège au moyen âge." REJ

7 (1883), 227-51; 8 (1884), 96-120; 9 (1884), 92-115; 10 (1885), 145-82. Esp app III. Sep P 1886.

841. Meyer, P. "Recherches linguistiques sur l'origine des versions provençales du Nouveau Testament." Romania 18 (1889), 423-9.

842. ———. "Le livre-journal de maître Ugo Teralh, notaire et drapier à Forcalquier (1330-1332)." NEMBN 37 (1899), 129-70.

843. ——— and A.Neubauer. "Le roman provençal d'Esther par Crescas du Caylar, médecin juif du XIVe siècle." Romania 21 (1892), 194-227.

Rev: A.Tobler, ZRPh 17 (1893), 313-4.

844. Pansier, P. "Le roman d'Esther de Crescas du Cailar." Annales d'Avignon et du Comtat Venaissin 11 (1925), 5-18.

845. ———. "Une comédie en argot hébraïco-provençal de la fin du XVIIIe siècle." REJ 81 (1925), 113-45.

846. ———. "Vocabulaire de l'argot hébraïco-provençal." In his HLPA 3 (1927), 179-85.

847. Pedro d'Alcantara. Poésies hébraïco-provençales du rituel israélite comtadin. Av 1891.

848. Riquier, R. "Un poème rituel judéo-provençal." Le feu: organe du régionalisme méditerranéen 22 (1928), 151-2.

849. Roth, C. "Sumptuary Laws of the Community of Carpentras." JQR n.s. 18 (1927-8), 357-83. Repr in his GEJHLA 1967, 264-90.

850. Sabatier, E. Chansons hébraïco-provençales des Juifs comtadins. Réunies et transcrites. Nîmes 1874.

851. ———. "Chansons hébraïco-provençales." FJ 17 (1876), 348-51; 18 (1876), 367-72.

852. Schwab, M. "Livre de Comptes de Mardoché Joseph (manuscrit hébréo-provençal)." NEMBH 39 (1909), 469-502. Sep P 1913.

Rev: I.G., RSO 7 (1916-8), 730-2.

853. Silberstein, S.M. "The Provençal Esther poem written in Hebrew Characters c.1327 by Crescas de Caylar: Critical Edition." PhD, Univ of Pennsylvania. Ph 1973. See DA 34/8, Feb 1974, 5124-A.

854. Stimm, H. "Altprovenzalische Hapaxlegomena aus der Ubersetzung des Liber scintillarum." Festschrift Kurt Baldinger...zum 60. Geburtstag, eds. M.Höfler et al. 2, 777-801. Tü 1979.

855. Thomas, A. "Gloses provençales de source juive." AM 9 (1897), 337-9.

856. "Un document judéo-comtadin du XVIIIe siècle: La reine Esther, pièce en deux actes." L'Arche 27 (1959), 36-9.

857. Vajda, G. "Quelques mots à propos du manuscrit hébreu 1129 de la Bibliothèque nationale de Paris." REJ 122 (1963), 164-6.

858. Vidal, I. and M.Ventura. סדר הקונטיררים. Av 1765.

859. Vidal, P. "Les Juifs des anciens comtés de Roussillon e ⁻erdagne." REJ 15 (1887), 19-55, 170-203.

860. J.W.(?) "Lo libre de Ester la reyna, com fes desliurar de mort los Juzieus." ASNSL 30 (1861), 159-67.

861. Zunz, L. "Hebräische Hymnen nach provençalischen Melodien." HB 14 (1874), 36-7.

See also items 17, 20, 31, 49-50, 101, 265, 351-2, 390, 442, 685, 734, 736, 790.

E. ONOMASTICS

1. JUDEO-FRENCH

862. Anchel, R. "Toponymie juive." In his Les Juifs de France, 41-57. P 1946.

863. Avneri, Z. "Nouvelles inscriptions tumulaires du premier cimetière de Bâle." REJ 131 (1962), 181-93.

864. Blumenkranz, B. "Aire(s) ou Hyères? A propos de la toponymie française en hébreu médiéval." RIO 16 (1964), 265-8.

865. ———. "Pour une nouvelle Gallia Judaica. La géographie historique des Juifs en France médiévale." L'Arche 106 (1965), 42-7, 75; repr in 4th WCJS. Papers 2 (1968), 45-50.

866. ———. "Contribution à la nouvelle Gallia Judaica: localités à implantation juive au moyen âge (A-D)." AJ 4 (1967-8), 27-9, 35-7.

867. Brunschvicg, L. "Les Juifs de Nantes et du pays nantais." REJ 14 (1887), 80-91.

868. Catane, M. "Eléments français dans l'anthroponymie juive." Almanach K.K.L. (Str) 1962-3, 159-65.

869. ———. "Eléments français dans l'anthroponymie juive." 3rd WCJS. Report 1965, 219-20.

870. ———. "Les noms des juifs de Paris au moyen âge." Actes du 100e Congrès des Sociétés savantes 1975. Section de philologie et d'histoire jusqu'à 1610. P 1978.

871. Dahan, G. "Quartiers juifs et rues des Juifs." In AAJFM 1980, 15-32.

872. Dauzat, A. Les noms de famille en France. P 1945. Esp 249-53.

873. Delisle, L. Les Enquêtes administratives du règne de Saint Louis et la Chronique de l'Anonyme de Béthune. P 1904. (Recueil des historiens des Gaules et de la France 24.)

874. Delitzsch, F. שפת ישורון. Isagoge in grammaticam et lexicographiam linguae hebraicae. Contra G.Gesenium et H.Ewaldum. Grimma 1838.

875. Epstein, A. "Ein wiedergefundener Grabstein auf dem Wormser jüdischen Friedhofe." MGWJ 50 (1906), 190-5.

876. Fohlen, J. "Documents financiers sur les Juifs en Franche Comté au début du XIVème siècle (1305-1313)." AJ 5 (1968-9), 12-3.

877. Gerson, M.A. "Lothair ou Lorraine?" REJ 7 (1883), 279-81.

878. ———. Essai sur les Juifs de la Bourgogne au Moyen-Âge et principalement aux XIIe, XIIIe et XIVe siècles. Dijon 1893.

879. Ginsburger, M. "Un médecin juif à Paris au XIIe siècle." REJ 78 (1924), 156-9.

880. Golb, N. "Le toponyme hébraïque MNYW et son identification avec Monieux (Vaucluse)." RIO 20 (1968), 241-54.

881. ———. תולדות היהודים בעיר רואן בימי־הביניים. TA 1976.

882. Gross, H. Gallia judaica. Dictionnaire géographique de la France d'après les sources rabbiniques. P 1897; 2nd ed with a supplement by S.Schwarzfuchs. A 1969.

   Rev: [anon], ZHB 2 (1897), 45-7.
   A.Epstein, MGWJ 41 (1897), 464-80.
   I.Lévi, REJ 34 (1897), 136-9.
   A.Neubauer, JQR 9 (1897), 744-5.
   J.Wellesz, REJ 64 (1912), 151-2.
   B.Blumenkranz, LMA 77 (1971), 525-34.
   J.Shatzmiller, KS 45 (1971), 607-10.

883. Gygès. Les Israélites dans la société française: Documents et témoignages. P 1956.

884. ———. Les Juifs dans la France d'aujourd'hui. P 1965.

885. Havet, J. [Trésor du Louvre, 13th century]. Bibliothèque de l'Ecole des Chartes 45 (1884), no.3-4.

   Rev: I.Loeb, REJ 9 (1884), 137-8.

886. Iancu-Agou, D. "Une vente de livres hébreux à Arles en 1434. Tableau de l'élite juive arlésienne au milieu du XVe siècle." REJ 146 (1987), 5-62.

887. Jacquart, D. Le milieu médical en France du XIIe au XVe siècle. En annexe 2e supplément au "Dictionnaire" d'Ernest Wickersheimer. G-P 1981. See also item 941.

888. Kahn, S. "Les Juifs du Gévaudan au moyen âge." REJ 73 (1921), 113-37; 74 (1922), 73-95.

889. Kohn, R. "Les Juifs de la France du Nord à travers les Archives du Parlement de Paris (1359?-1394)." REJ 141 (1982), 5-138.

890. Landsberg, M. "Der Codex von Raschi's und Raschbam's Pentateuch-Commentarien auf der Breslauer Seminar-Bibliothek." MGWJ 14 (1865), 416-25. Esp 420.

891. Lazard, L. "Les revenus tirés des Juifs de France dans le domaine royal (XIIIe siècle)." REJ 15 (1887), 233-61.

892. Lévi, I. "Manuscrits de Hadar Zekènim." REJ 49 (1904), 33-50.

893. Lévy, É. "Un document sur les Juifs du Barrois en 1321-23." REJ 19 (1889), 246-58.

894. Lévy, P. Les noms des Israélites en France; Histoire et dictionnaire. P 1960.

895. Loeb, I. "La ville d'Hysope." REJ 1 (1880), 72-80.

896. ———. "Le rôle des Juifs de Paris en 1296 et 1297." REJ 1 (1880), 61-71.

897. ———. "Deux livres de commerce du commencement du XIVe siècle." REJ 8 (1884), 161-96; 9 (1884), 21-50, 187-213; 10 (1885), 238-9.

898. ———. "Deux documents sur les Juifs du Graisivaudan." REJ 10 (1885), 239-43.

899. ———. "Un épisode de l'histoire des Juifs de Savoie." REJ 10 (1885), 32-59.

900. ———. "Les Juifs de Saint-Quentin sous saint Louis." REJ 20 (1890), 26-8.

901. Löwenfeld, S. "Zum Codex diplomaticus." HB 20 (1880), 12-7.

902. Longpérier, A. de. "Inscriptions de la France." Journal des savants. Oct 1874, 646-73.

903. Luce, S. "Catalogue des documents du Trésor des Chartes relatifs aux Juifs sous le règne de Philippe le Bel." REJ 2 (1881), 15-72.

904. Luzzatto, P. "Notice sur quelques inscriptions hébraïques du XIIIe siècle." Mémoires de la Société Impériale des antiquaires de France 3rd ser, 22 (1855), 60-86.

905. Marmorstein, A. "Sur un auteur français inconnu du treizième siècle (Or. Brit. Mus. 2853)." REJ 76 (1923), 113-31

906. Meiss, H. A travers le ghetto. Coup d'oeil rétrospectif sur l'Université Israélite de Nice 1648-1860. Nice 1923. Esp 32-3.

907. Mendel, P. "Les noms des Juifs français modernes." REJ 110 (1949-50), 15-65.

908. ———. "La langue et les noms des Juifs en France au Moyen Âge." Almanach-Calendrier des communautés israélites de la Moselle 1955, 88-92.

909. Nahon, G. "Contribution à l'histoire des Juifs en France sous Philippe le Bel." REJ 121 (1962), 59-80.

910. ———. "Les Juifs dans les domaines d'Alfonse de Poitiers, 1241-1271." REJ 125 (1966), 167-211.

911. ———. "Documents sur les Juifs de Normandie médiévale au Public Record Office de Londres." AJ 11 (1975), 3-10.

912. ———. "Les cimetières." In AAJFM 1980, 73-94.

   Rev: D.Iancu-Agou, REJ 141 (1982), 243-64. Esp 250.

913. ———. Inscriptions hébraïques et juives de France médiévale. P 1986.

   Rev: M.Catane, REJ 146 (1987), 150-4.

914. Neubauer, A. "Rapport sur une mission dans le Midi de la France à l'effet de cataloguer les manuscrits hébreux que s'y trouvent, et en Italie pour recueillir des documents hébreux concernant l'histoire des rabbins français." AMSL 3rd ser, 1 (1873), 551-61. Sep P 1874.

915. ———. "Rapport sur une mission dans l'Est de la France; en Suisse, et en Allemagne, pour l'histoire littéraire des rabbins français." AMSL 3rd ser, 1

(1873), 563-75.

916. ———. "קוטוביירא et לותיר". REJ 9 (1884), 119-20.

917. Nordmann, A. "Glanes onomatologiqes." REJ 82 (1926), 483-94.

918. ———. "Documents relatifs à l'histoire des Juifs à Genève, dans le Pays de Vaud et en Savoie." REJ 83 (1927), 63-73; 84 (1927), 81-91.

919. Pflaum, H. [Peri] "Les scènes des Juifs dans la littérature dramatique du moyen âge." REJ 89 (1930), 111-34.

920. Poznański, S. "Sur un fragment d'une collection de consultations rabbiniques du XIVe siècle." REJ 40 (1900), 91-4.

921. ———. "Der Namen Chelbo." ZHB 8 (1904), 158-9.

922. Prudhomme, A. Les Juifs en Dauphiné aux XIVe et XVe siècles. Grenoble 1883.

   Rev: I.Loeb, REJ 6 (1883), 298-9.

923. ———. "Notes et documents sur les Juifs du Dauphiné." REJ 9 (1884), 231-63.

924. Roblin, M. "Noms de lieux de la France romane et noms de famille juifs en France et à l'étranger..." 3e Congrès international de toponymie et d'anthroponymie (Bruxelles 1949), eds. H.Draye and O.Jodogne. Actes et mémoires 3, 764-73. Lou 1951.

925. ———. "Introduction à l'onomastique judéo-française." L'Arche 162-3 (1970), 80-1.

926. Schwab, M. "Notes de comptabilité juive du XIIIe et du XIVe siècle." REJ 30 (1895), 289-94.

927. ———. "Les inscriptions hébraïques de la France." REJ 34 (1897), 301-4.

928. ———. Inscriptions hébraïques en France du VIIe au XVe siècle. P 1898.

929. ———. "Inscriptions hébraïques en France (nouvelle série)." REJ 38 (1899), 242-50.

930. ———. "Notes hébraïques de comptabilité du XIIIe siècle." REJ 41 (1900), 149-53.

931. ———. "Un secrétaire de Raschi." REJ 42 (1901), 273-7.

932. ———. "Une nouvelle épitaphe hébraïque médiévale à Paris." REJ 63 (1912), 298-300.

933. ———. Le manuscrit hébreu N°.1408 de la Bibliothèque Nationale. P 1913. Taken from NEMBN 39, part 2 (1916), 409-38.

   Rev: I.G., RSO 7 (1916-8), 730-2.

934. ———. "Manuscrits hébreux de la Bibliothèque Nationale." REJ 66 (1913), 290-6.

935. ———. "Une page des livres de commerce de la banque Héliot à Vesoul." REJ 68 (1914), 222-34.

936. Schwarzfuchs, S., ed. Un obituaire israélite: Le "Memorbuch" de Metz (vers 1575-1724). Metz 1971.

937. Seror, S. "Contribution à l'onomastique des juifs de France aux XIIIe et XIVe siècles." REJ 140 (1981), 139-92.

938. ———. "Notes d'onomastique des juifs de France au Moyen Âge." REJ 145 (1986), 315-46.

939. Steinschneider, M. "Literarische Beilage. Ein Codex diplomaticus judaicus." HB 18 (1878), 129-31.

940. Weill, J. "Note sur une ancienne traduction française manuscrite de l'Itinéraire de Benjamin de Tudèle." REJ 52 (1906), 148-50.

941. Wickersheimer, E. Dictionnaire biographique des médecins en France au Moyen Âge 1-2. P 1936. Supplément, ed. D.Jacquart. G 1979. See also item 887.

942. Zunz, L. "Zur Literatur des jüdischen Mittelalters in Frankreich und Deutschland." In his ZGL 1845, 22-213.

See also items 101, 131, 200, 203, 425(item 413), 445, 454-5, 577-8, 580, 582, 635, 658, 675, 690, 736, 757, 760, 765, 768, 807, 811.

2. JUDEO-PROVENÇAL

943. Alteras, I. "Jewish Physicians in Southern France during the 13th and 14th Centuries." <u>JQR</u> n.s. 68 (1977-8), 209-23.

944. Amar, P., B.Blumenkranz and G.Chazelas. "Un dossier sur les Juifs en Languedoc médiéval dans la Collection Doat." <u>AJ</u> 5 (1968-9), 32-40, 47-55.

945. Barthélémy, L. <u>Les médecins à Marseille avant et pendant le moyen-âge</u>. Mar 1883.

   Rev: I.Loeb, <u>REJ</u> 7 (1883), 292-4.

946. Bauer, J. "Un commencement d'insurrection au quartier juif d'Avignon au XVIIe siècle." <u>REJ</u> 38 (1899), 123-36.

947. Blanc, A. <u>Le livre de comptes de Jacme Olivier, marchand narbonnais au XIVe siècle</u> 2, part 1. P 1899.

948. Blumenkranz, B. "Pour une géographie historique des Juifs en Provence médiévale." <u>Bulletin philologique et historique du Comité des travaux historiques jusqu'en 1610</u>, 611-22. P 1968. (<u>Actes du Congrès des Sociétés savantes à Nice 1965</u>).

949. Bréal, M., É.Lévy, A.Leroux and A.Vidal. "Judaïca." <u>AM</u> 8 (1896), 88-91.

950. Vilna 1887. בובר, ש.,. עורך. שבלי הלקט השלם.

951. Busquet, R. "La fin de la Communauté juive de Marseille au XVe siècle." <u>REJ</u> 83 (1927), 163-83.

952. Crémieux, A. "Les Juifs de Marseille au moyen âge." <u>REJ</u> 47 (1903), 62-86, 243-261.

953. ―――. "Les Juifs de Toulon au moyen-âge et le massacre du 13 avril 1348." <u>REJ</u> 90 (1931), 43-64.

954. Decourcelle, J. La condition des Juifs de Nice aux 17e et 18e siècles. P 1923.

955. Drouard, A. "Les Juifs à Tarascon au Moyen Âge." AJ 10 (1973-4), 53-60.

956. Emery, R.W. The Jews of Perpignan in the Thirteenth Century. An Economic Study Based on Notarial Records. NY 1959.

957. Gaspari, F. "Les Juifs d'Orange (1311-1380) d'après les Archives Notariales." AJ 10 (1973-4), 22-34.

958. Ginsburger, E. "Les Juifs de Peyrehorade." REJ 104 (1938), 35-69.

959. Goldstein, B.R. "The town of Ezob/ Aurayca." REJ 126 (1967), 269-71.

960. גרוסברג, מ., עורך. ספר גבול מנשה. Frk 1899.

Rev: I.Lévi, REJ 38 (1899), 283.

961. Hildenfinger, P. "Documents relatifs aux Juifs d'Arles." REJ 41 (1900), 62-97.

962. Iancu-Agou, D. "Topographie des quartiers juifs en Provence médiévale." AJ 8 (1971-2), 23-9, 37-42.

963. ———. "Topographie des quartiers juifs en Provence médiévale." REJ 133 (1974), 11-156.

964. Kahn, S. "Documents inédits sur les Juifs de Montpellier au moyen âge." REJ 19 (1889), 259-81; 22 (1891), 264-79; 23 (1891), 265-78.

965. ———. "Les Juifs de Montpellier au XVIIIe siècle." REJ 33 (1896), 283-303.

966. ———. "Les Juifs de Tarascon au moyen âge." REJ 39 (1899), 95-112, 217-98.

967. Kaufmann, D. "Le "Grand-Deuil" de Jacob b.Salomon Sarfati d'Avignon." REJ 30 (1895), 52-64.

968. Léon, H. Histoire des Juifs de Bayonne. P 1893.

969. Lévi, I. "Le livre-journal de maître Ugo Teralh,

notaire et drapier à Forcalquier (1330-1332)."
REJ 37 (1898), 259-65.

970. ———. "La communauté juive de Forcalquier." REJ 41 (1900), 274-5.

971. ———. "Un document bourguignon avec inscription hébraïque." REJ 41 (1900), 272-4.

972. Lipschutz, M. "Un livre de comptes du XVIIe siècle de la Confrérie des Purificateurs et Fossoyeurs de Carpentras." REJ 82 (1926), 425-30.

973. Loeb, I. "Les Juifs de Carpentras sous le gouvernement pontifical." REJ 12 (1886), 161-235.

974. ———. "Les négociants juifs à Marseille au milieu du XIIIe siècle." REJ 16 (1888), 73-83.

975. Malausenna, P.-L. "La vie en Provence Orientale aux XIVe et XVe siècles; un exemple: Grasse à travers les actes notariaux." Thèse. Nice 1967.

976. ———. "Découvertes et progrès: les Juifs à Grasse au Moyen Âge (XIVe et XVe siècles)." AJ 4 (1967-8), 2-8.

977. Molina, J. Annuaire israélite pour l'année 5648 de la création du monde. Mar 1887.

978. Pansier, P. "Les médecins juifs à Avignon aux XIIIe, XIVe et XVe siècles." Janus 15 (1910), 421-51.

979. ———. "Vocabulaire des noms de lieux et prénoms." In his HLPA 1927, 187-200.

980. Régné, J. "Etude sur la condition des Juifs de Narbonne du Ve au XIVe siècle." REJ 55 (1908), 1-36, 221-43; 58 (1909), 75-105, 200-25; 59 (1910), 59-89; 61 (1911), 228-54; 62 (1911), 1-27, 248-66; 63 (1912), 75-99. Sep Narbonne 1912.

981. Roblin, M. "L'Histoire juive par les noms de famille: De Carcassonne à Vallabrègues, les anciennes communautés du Midi de la France." L'Arche 13 (1958), 23-4, 52.

982. Saige, G. Les Juifs du Languedoc antérieurement au XIVe siècle. P 1881.

983. Schaare Zion. Beitrag zur Geschichte des Judenthums bis zum Ende 1372, von Rabi Isaac de Lattes, ed. S. Buber. Jarosław 1885.

Rev: I.Loeb, REJ 10 (1885), 265.

984. Schwab, M. "Un acte de vente hébreu du XIVe siècle." REJ 47 (1903), 57-61.

985. Schwarzfuchs, S. "Notes sur l'histoire des juifs en France." REJ 124 (1965), 409-22.

986. Shatzmiller, J. "Les Juifs de Provence pendant la Peste noire." REJ 133 (1974), 457-80.

987. ———. "La "Collecta" de Perpignan." AJ 11 (1975), 20-4.

Rev: S.Seror, AJ 11 (1975), 58.

988. Steinscheider, M. "Namenkunde." HB 14 (1874), 81-2; 16 (1876), 132; 18 (1878), 131-2.

989. ———. "Literarische Beilagen." HB 16 (1876), 36-7.

990. ———. "Limoges?" ZHB 6 (1902), 159.

991. Szapiro, E. "Renseignements sur les Juifs du Languedoc dans un cartulaire inédit." AJ 5 (1968-9), 19-20.

992. Tamizey de Larroque, P. and J.Dukas. "Lettres inédites écrites à Peiresc par Salomon Azubi, rabbin de Carpentras (1632-1633)." REJ 11 (1885), 101-25, 252-65; 12 (1886), 95-106. Sep as Les correspondants de Peiresc. IX: Salomon Azubi...1633). Mar 1885.

Rev: I.Loeb, REJ 12 (1886), 129-30.

993. Teissier, O. "Les Juifs en Provence." Petit Marseillais 1.9.1887.

994. Vidal, P. Elne historique et archéologique. Perpignan 1887.

995. Zunz, L. "Die jüdischen Dichter der Provence." In his ZGL 1845, 459-83.

See also items 158, 836, 842, 844, 852, 859, 882.

F. ETYMOLOGICAL COMPONENTS

1. JUDEO-FRENCH

a. Native

996. Baldinger, K. "Die orientalischen Elemente im Französischen. (Ein summarischer Überblick)." Festschrift Wilhelm Giese. Beiträge zur Romanistik und allgemeinen Sprachwissenschaft, eds. H.Haarmann and M.Studemund, 13-45. Ham 1972. Esp 35.

997. Banitt, M. "Ancien français ebles 'crépine'." RLingR 37 (1973), 88-99.

998. ———. "Le renouvellement lexical de la Version Vulgate des Juifs de France au moyen âge dans le Glossaire de Leipzig." Romania 102 (1981), 433-55.

999. Burguy, G.F. Grammaire de la langue d'oïl 3. Lpz 1856. Esp 156.

1000. Hauptmann, O.H. "A glossary of the Pentateuch of Escorial Biblical manuscript I.j.4." HR 10 (1942), 34-46.

1001. Lecoy, F. "Notes de lexicographie française." Etymologica. Walther von Wartburg zum siebzigsten Geburtstag, 18. Mai 1958, eds. H.-E.Keller et al., 485-98. Tü 1958.

Rev: E.Gamillscheg, ZFSL 69 (1959), 97-107.

1002. Levy, R. "The Plural Usage in Judaeo-French." MLN 55 (1940), 532-4.

1003. ———. "Apostilles judéo-françaises." Emlékkönyv Heller Bernát..., ed. S.Scheiber, 223-9. Bud 1941.

1004. ———. "Le vocabulaire des Faits des Romains." Modern Language Quarterly 3 (1942), 205-19.

1005. ———. "El castellano "joroba" y el judeo-francés "haldrobe"." AIL 2 (1944), 155-9.

Rev: F.Pérez Castro, Sefarad 7 (1947), 184-6.

1006. ———. "Les dérivés français du type aedificare." RR 35 (1944), 324-41.

1007. ———. "A Rejoinder Anent Old French reechier." RR 37 (1946), 356-9.

1008. ———. "An Ingot in Foreign Exchange." Mediaeval Studies 8 (1946), 310-5.

1009. ———. "Two Old French Word-Studies." FS 2 (1948), 240-6.

1010. ———. "Une réplique à propos de l'apax *costif." Romania 70 (1948-9), 95-7.

1011. ———. "Rashi's Description of Medieval Realia." JQR n.s. 40 (1949), 209-12.

1012. ———. "Les emplois spéciaux de avertir et de averir en vieux français." RPh 5 (1951), 61-4.

1013. ———. "L'Historique des mots français que désignent l'arbalète." Symposium 5 (1951), 344-50.

1014. ———. "La provenance du D intervocalique en judéo-français." Studia neophilologica 24 (1951-2), 55-8.

1015. ———. "Les dérivés médiévaux du mot chaux." MLN 67 (1952), 156-60.

1016. ———. "The Etymology of Franco-Italian: çubler." Italica 29 (1952), 49-52.

1017. ———. "La désinence -eresse en vieux français." RPh 7 (1953), 187-90.

1018. ———. "The Etymology of English bawd and cognate terms." PhQ 32 (1953), 83-9.

1019. ———. "Vieux français conjongle." Symposium 7 (1953), 363-7.

1020. ———. "Versure et ses congénères en vieux français." RPh 8 (1955), 278-81.

1021. ———. "Apostilles de lexicographie raschianique." Romania 81 (1960), 273-82.

1022. ———. "Encore à propos de la locution covreture de sans." Romania 86 (1965), 246-54.

1023. Poerck, G. de. "Hébreu rabbinique מרמוצי ≤ afr. marmouset 'singe'." Ioanni Dominico Serra ex munere laeto inferiae. Raccolta di studi linguistici in onore di G.D.Serra, 165-73. Na 1959.

1024. ———."Marmouset. Histoire d'un mot." RBPH 37 (1959), 615-44.

1025. Preuss. "בוי"ן מלני"ט bei Raschi." FSAB 1903, 296-300.

1026. Spitzer, L. "Frz. marmouset, marmot." ZRPh 40 (1920), 103-7.

1027. Suchier, H. "Französische Etymologien." ZRPh 6 (1882), 435-9.

1028. Thomas, A. "Etymologies françaises et provençales." Romania 26 (1897), 412-52.

1029. ———. "Franc. cormoran." Romania 36 (1907), 307-8.

1030. ———. "Anc. franc. senechier, senegier." Romania 37 (1908), 603-8.

1031. ———. Mélanges d'étymologie française. P 1927. Esp 128, fn.1.

1032. וועלללעש, י. "ההגהות מיימוניות." הגורן Sep Ber 1907. 7 (1907), 35-59

Rev: M.Liber, REJ 58 (1909), 136.

1033. Wiener, L. "Mormõ." RF 35 (1916), 954-85.

See also items 158, 200.

b. Hebrew—Judeo-Aramaic

1034. אלוני, נ. "איזהו 'הניקוד שלנו' 'במחזור ויטרי'". BM 17 (1964), 135-45.

1035. אבינרי, י. היכל רש"י 1-4. TA 1940-60. 2nd rvs ed 1-2. J 1979-85.

1036. Babinger, F. "Die hebräischen Sprachproben bei Ritter Arnold von Harff." MGWJ 64 (1920), 71-5.

1037. Bastiaensen, M. "L'Hébreu chez Rabelais." RBPH 46 (1968), 725-48.

1038. בית-אריה, מ. "ניקודו של מחזור ק"ק וורמייזא." לשוננו 29-102 80, 27-46; (1965), 29.

1039. Berger, S. Quam notitiam linguae hebraicae habuerint Christiani medii aevi temporibus in Gallia. P 1893.

   Rev: W.Bacher, REJ 28 (1894), 149-60.

1040. Best, O.F. "Para la etimología de pícaro." NRFH 17 (1963-4), 352-7.

1041. Chomsky, W. David Kimhi's Hebrew Grammar (Mikhlol), Systematically Presented and Critically Annotated. Ph 1952. Esp 31.

1042. ———. הלשון העברית בדרכי התפתחותה..1977 J Esp xxvii, 177.

1043. Cohen, B. "Rashi as a Lexicographer of the Talmud." Rashi Anniversary Volume, 219-48. NY 1941.

1044. Dahan, G. "Le catalogue des livres hébraïques de Jean Bourdelot." AJ 11 (1975), 39-50.

1045. DuBruck, E.E. "Another Look at macabre." Romania 79 (1958), 536-43. See comment by F.Lecoy, ibid., 544.

1046. Eisler, R. "Danse macabre." Traditio 6 (1948), 187-225.

1047. אלדר, י. מסורת הקריאה הקדם-אשכנזית. מהותה והיסודות המשותפים לה ולמסורת ספרד 2-1..1978 J

1048. Englander, H. "Grammatical Elements and Terminology in Rashi's Commentaries." HUCA 12-3 (1937-8), 505-21.

1049. Eppenstein, S. "Recherches sur les comparaisons de l'hébreu avec l'arabe chez les exégètes du Nord de la France." REJ 47 (1903), 47-56.

1050. Faber, A. "Early Medieval Hebrew Sibilants in the Rhineland, South Central and Eastern Europe." Hebrew Annual Review 6 (1982), 81-96.

1051. ———. "On the Origin and Development of Hebrew Spirantization." MedLR 2 (1986), 117-38.

1052. ———. "A Tangled Web: Whole Hebrew and Ashkenazic Origins." Origins of the Yiddish Language, ed. D. Katz, 15-22. O 1987.

1053. Fita, F. and A.Fernández Guerra. Recuerdos de un viaje a Santiago de Galice. M 1880. Esp 42ff, 46-7, 115.

1054. Grünwald, M. Ueber den jüdisch-deutschen Jargon, vulgo Kauderwälsch genannt. Pr 1888. Orig in Der ungarische Israelit.

   Rev: I.Loeb, REJ 16 (1888), 302.

1055. Gui, B. Manuel de l'inquisiteur. Ed and tr by G. Mollat 1-2. P 1926-7.

1056. Heskuni, M. "ייד יש של התפתחותה על רש"י השפעת". Rashi, his Teachings and Personality, 233-41. NY 1958.

1057. Kahane, H. and R. "Charivari." JQR n.s. 52 (1962), 289-96.

1058. Katz, D. "Explorations in the History of the Semitic Component in Yiddish." Phd, Univ of Lo 1982.

1059. קלאר, ב. "לתולדות המבטא העברי בימי הביניים". לשוננו 5-72, (1952) 17.

1060. Kutscher, E.Y. A History of the Hebrew Language. Ldn-J 1985.

   Rev: P.Wexler, Language 62 (1986), 687-90.

1061. Liber vagatorum. High and Low German vers 1510; Dutch vers 1547. Repr in F.Kluge, Rotwelsch. Quellen und Wortschatz der Gaunersprache und der verwandten Geheimsprachen. Str 1901.

1062. Loeb, I. "La controverse de 1240 sur le Talmud." REJ 2 (1881), 248-70; 3 (1881), 39-57.

1063. ———. "Le manuscrit de Calixte II." REJ 6 (1882), 120-1.

1064. Merchavia, Ch. "Talmudic Terms and Idioms in the Latin Manuscript Paris B.N.16558." JSS 11 (1966), 175-201.

1065. מורג, ש. "הערות לתיאור שיטת הניקוד של מחזור וורמייזא." לשוננו 9-203, (1965) 29.

1066. Moralejo Laso, A. "Sobre las voces hebráicas de una secuencia del Calixtino y su transcripción." Cuadernos de estudios gallegos 10 (1955), 361-72.

Rev: F.Cantera Burgos, Sefarad 16 (1956), 423-4.

1067. Rosén, H.B. La nature de l'hébreu médiéval. Une grande langue de tradition à differenciation régionale. TA 1986. (Chaim Rosenberg School of Jewish Studies, TA Univ).

1068. Rothschild, J.-P. "Deux bibliothèques juives comtadines vers 1630." REJ 145 (1986), 75-102.

1069. Trénel, J. L'Ancien Testament et la langue française du moyen âge (VIIIe-XVe siècles). Etude sur le rôle de l'élément biblique dans l'histoire de la langue des origines à la fin du XVe siècle. P 1904. Résumé in REJ 49 (1904), 18-32.

1070. Walde, B. Christliche Hebraisten Deutschlands am Ausgang des Mittelalters. Mü 1916.

1071. Wartburg, W. von. "Hebräisch." In his Französisches etymologisches Wörterbuch 20 (1968), 24-8. Basle.

1072. ילון, ח. "שבילי מבטאים." קונטרסים לעניני הלשון העברית 62-78, 1, 1938 J.

1073. ————. "הגיה ספרדית בצרפת הצפונית בדורו של רש"י ובדורות שלאחריו." עניני לשון 16-31, 1 (1942).

1074. Yerushalmi, Y.H. "Inquisition and the Jews of France in the time of Bernard Gui." HTR 63 (1970), 317-76.

See also items 34, 43, 172, 223-4, 245, 491, 493, 497-8, 501, 505, 584, 638, 703, 859, 898-9, 1057, 1095.

c. Judeo-Greek

1075. Heller, B. "Von tropos und troparion zum Trop." MGWJ 80 (1936), 125-7.

See also items 34, 157, 212.

d. Yiddish

1076. אײזנשטיין, י.ד. "דברים אחדים." היהודי 54 (1876), 2.

See also items 34, 157.

e. Arabic

1077. Liber, M. "Gloses arabes dans Raschi." <u>REJ</u> 47 (1903), 197-204.

See also items 10(item 63, p.144, fn.2), 33(2:49; 4:67), 34, 633(1:111), 642(:60), 996, 1005, 1049.

2. JUDEO-PROVENÇAL

a. Native

1078. Levy, R. "L'Etymologie du roussillonais "enfremunar"." <u>Semitic Studies in Memory of Immanuel Löw</u>, ed. A. Scheiber, 249-51. Bud 1947.

See also items 34, 158, 482, 617.

b. Hebrew—Judeo-Aramaic

1079. Gross, H. "R.Abraham b.David aus Posquières." <u>MGWJ</u> 22 (1873), 446-59. Esp 452.

1080. נרקיס, מ. "גפור niello". ספר רש"י, עורך, י.ל. מײמון, J 1957. 538-542.

1081. Secret, F. "Notes sur les Juifs d'Avignon à la Renaissance." <u>REJ</u> 122 (1963), 178-87.

See also items 1068, 1071.

c. Arabic

1082. Roth, C. "Jüdische Bräuche im Comtat Venaissin." <u>MJV</u> 30 (1927), 16-20.

See also items 10, 824R(:430).

G. JUDEO-GALLO-ROMANCE LOANS (NATIVE AND HEBRAISMS) IN GALLO-ROMANCE

See also items 34, 785, 846, 1057.

H. NON-JEWISH STEREOTYPES OF JUDEO-GALLO-ROMANCE SPEECH

1. JUDEO-FRENCH

1083. Lifschitz-Golden, M. <u>Les Juifs dans la littérature française du moyen âge.</u> NY 1935.

Rev: H.Pflaum [Peri], <u>KS</u> 13 (1937), 342-6.

1084. Strumpf, D. <u>Die Juden in der mittelalterlichen Mysterien-, Mirakel- und Moralitätenliteratur Frankreichs.</u> Hei 1920. (Dissertation)

See also item 919.

2. JUDEO-PROVENÇAL

1085. Bédarride, I. "Harcanoth et Barcanoth." <u>Annuaire israélite du Midi de la France 1896-1897</u> (Tou), 113-40.

See also items in sections IV B 2, IV D 2.

I. EMIGRE JUDEO-GALLO-ROMANCE

1. JUDEO-FRENCH IN THE GERMAN LANDS
(JUDEO-FRENCH AND JUDEO-FRENCH HEBREW LOANS, TOPONYMS AND ANTHROPONYMS IN YIDDISH AND GERMAN)

1086. בעל דמיון [נ.שטיף]. Rev of M.Pines.. דער פנקס 313-48 Col.. 316-7 Esp .1913 V

1087. Beranek, F.J. Westjiddischer Sprachatlas. Mrb 1965.

1088. בראודה,ג.-ז. און ב.סיגאל. "רב, רבי און רבנים." JS 22 (1962), 51-3.

1089. Brisch, C. Geschichte der Juden in Cöln und Umgebung aus ältester Zeit bis auf die Gegenwart 2. Köln 1882.

1090. Faber, A. and R.D.King. "Yiddish and the Settlement History of Ashkenazic Jewry." MQ 24 (1984), 393-425.

Rev: Gold item 579R.

1091. Ganz, P.F. "Dukus Horant--an Early Yiddish Poem from the Cairo Genizah." JJS 9 (1958), 47-62. Esp 54.

1092. גאליה, א. "דער עלטסטער יִידישער גלאָסאַר צום תנ"ך. קאָד רייכלין 8, קאַרלייס-רוע 6." 41-56, 1980 WCJSP 5th

1093. Grunwald, M. "Le cimetière de Worms." REJ 104 (1938), 71-111.

1094. Herzog, M.I., ed. The Language and Culture Atlas of Ashkenazic Jewry 1. In press.

1095. Jütte, R. "Rotwelsch--Die Sprache der Bettler und Gauner." Das Buch der Vaganten. Spieler-Huren-Leutbetrüger, eds. H.Boehncke and R.Johannsmeier, 133-44. Köln 1987.

1096. Kober, A. Grundbuch des Kölner Judenviertels 1135-1423. Ein Beitrag zur mittelälterlichen Topographie, Rechtsgeschichte und Statistik der Stadt Köln. Bonn 1920.

1097. ———. "Jewish Monuments of the Middle Ages in
Germany." AAJRP 14 (1944), 149-220; 15 (1945),
1-91.

1098. קאַסאָווער, מ. "ייִדישע מאכלים (שטודיע אין קולטור-
געשיכטע און שפּראַכפֿאָרשונג)." יודאַ אַ. יאָפֿע בוך, רע-
דאַקטאָר, י. מאַרק, 145-1. 1958 NY.

1099. ———. "דוינען = דאוונען; טויצן = טעטשן; שאָלעט =
טשאָלנט." FMW 1964, 368-55 (He pag).

1100. Lévy, E.H. ""Autel" en judéo-allemand." REJ 89
(1930), 193-200.

1101. Lowe, H. "The Memorbuch of Nürenberg,1349." Jewish
Chronicle 1881, no.633-4, 636-7.

1102. מיימון, נ.צ. "עספּעראַנטאַ און 'רביצין'." JS 18
(1958), 80-2.

1103. Neubauer, A. and M.Stern, eds. Hebräische Berichte
über die Judenverfolgungen während der Kreuzzüge.
B 1892.

  Rev: A.Neubauer, JQR 4 (1892), 681-4.
    N.Porgès, REJ 25 (1892), 181-201; 26 (1893),
    183-97.

1104. Perles, J. "Die Berner Handschrift des Kleinen Aruch."
JSGHG 1887, 1-38.

1105. Salfeld, S. "Zwei Mainzer Urkunden vom 25. November
1343." FSAB 1903, 331-6.

1106. Spitzer, L. "Yiddish "(t)schale(n)t = französisch
"chaud"?" MLN 61 (1946), 101-4.

1107. Stern, M., ed. Die israelitische Bevölkerung der
deutschen Städte 3. Nürnberg im Mittelalter. Kiel
1894-6.

1108. ——— and R.Hoeniger, eds. Das Judenschreinsbuch der
Laurenzpfarre zu Köln. B 1888.

1109. Timm, E. "Jiddische Sprachmaterialien aus dem Jahre
1290: Die Glossen des Berner kleinem Aruch--Edition
und Kommentar." Fragen des älteren Jiddisch, eds.
H.-J.Müller and W.Röll, 16-34. Trier 1977. (Trierer
Beiträge, Sonderheft 2.)

1110. ———. "Zur Frage der Echtheit von Raschis jiddischen Glossen." BGDSL 107 (1985), 45-81.

1111. Voorzanger, J.-L. and J.-E.Polak. Het joodsch in Nederland. A 1915.

   Rev: M.Schwab, REJ 68 (1914), 282-4.

1112. ווינריַיך, מ. "ייִדיש". אלגעמיינע ענציקלאָפּעדיע.
   Esp† 50-1. P, NY 1940. .col 23-90, B ייִד

1113. Wolf, S.A. Wörterbuch des Rotwelschen. Mannheim 1956.

See also items 32-4, 40, 157, 159, 537, 577-8, 579R, 581-5.

2. JUDEO-FRENCH IN ENGLAND
(TEXT FRAGMENTS AND TOPONYMS)

1114. Abrahams, I. "The Northampton 'Donum' of 1194." JHSEM 1 (1925), lix-lxxiv; name index lxxxi-lxxxvi.

1115. ———, H.P.Stokes and H.Loewe. Starrs and Jewish Charters Preserved in the British Museum 1. C 1930; H.Loewe, ed. 2. Supplementary Notes 1930; 3. Index 1932. C-Co-Eton.

1116. Adler, H. "The Chief Rabbis of England." Publications of the Anglo-Jewish Historical Exhibition 1. Lo 1888.

   Rev: I.Loeb, REJ 16 (1888), 296-9.

1117. Adler, M. "The Jews of Bristol in Pre-Expulsion Days." JHSET 12 (1931), 117-86.

1118. ———. "Jewish Tallies of the Thirteenth Century." JHSEM part 2, 1935, 8-23.

1119. Birnbaum, E. "Starrs of Aaron of York in the Dean and Chapter Muniments of Durham." JHSET 19 (1960), 199-205.

1120. Bonard, J. "Un alphabet hébreu anglais au XIVe siècle." REJ 4 (1882), 255-9.

Rev: A.Darmesteter, REJ 4 (1882), 259-68.

1121. ברודי, י., עורך. רבי יעקב חזן מלונדרץ, עץ חיים.
1-3. J 1962-7. Esp index of Judeo-French glosses 3, 1967, 328-31 and index of toponyms, ibid. 337.

1122. Cohen, S. "Plea Rolls of the Exchequer of the Jews (Michaelmas Term, 1277-Hilary Term 1279) Preserved in the Public Record Office." PhD, Univ of Lo 1951.

1123. Collins, G.W., ed. A Grammar and Lexicon of the Hebrew Language Entitled Sefer Hassoham by Rabbi Moseh ben Yitshak of England. Lo 1882.

1124. Davis, M.D. The Medieval Jews of Lincoln. Lo n.d. Orig in Archaeological Journal 1881.

1125. ———, ed. שטרות. Hebrew Deeds of English Jews Before 1290. Lo 1888.

Rev: I.Loeb, REJ 16 (1888), 296-9.

1126. ———. "Anglo-Judaica. Troyt, an Anglo-Jewish Name." JQR 9 (1897), 361-2.

1127. Haes, F. "Moyse Hall, Bury St.Edmunds. Whence It Came--What It Was--What It Was Not." JHSET 3 (1899), 18-24.

1128. Hirsch, S.A. "Early English Hebraists. Roger Bacon and His Predecessors." JQR 12 (1900), 34-88.

1129. Jacobs, J. "Une lettre française d'un juif anglais au XIIIe siècle." REJ 18 (1889), 256-61.

1130. ———. The Jews of Angevin England. Documents and Records from Latin and Hebrew Sources. Lo 1893.

Rev: W.Bacher, JQR 6 (1894), 355-74.

1131. Jenkinson, H., ed. Calendar of the Plea Rolls of the Exchequer of the Jews Preserved in the Public Record Office 3. Co-Lo-Eton 1929.

1132. Kaufmann, D. "The Shtaroth of Merton College." JQR 3 (1891), 157-8.

1133. ———. "The Ritual of the Seder and the Agada of the

English Jews before the Expulsion." JQR 4 (1892), 550-61.

1134. קלאר, ב., עורך. ספר השהם. שערי דקדוק ואוצר מלים לרבי משה בן יצחק בן הנשיאה מאינגלטירא. J-Lo 1947.

1135. Loewe, R. "The Mediaeval Christian Hebraists of England: The Superscriptio Lincolniensis." HUCA 28 (1957), 205-52.

1136. ———. "Alexander Neckam's Knowledge of Hebrew." Mediaeval and Renaissance Studies 4 (1958), 17-28.

1137. Marmorstein, A. "New Material for the Literary History of the English Jews before the Expulsion." JHSET 12 (1931), 103-15.

1138. Neubauer, A. "Shtars in Merton College, Oxford." JQR 2 (1890), 527-30.

1139. ———. "York Shetars." JQR 3 (1891), 364-6.

1140. Nolan, E. and S.A.Hirsch, eds. The Greek Grammar of Roger Bacon, and a Fragment of his Hebrew Grammar. C 1902.

   Rev: L.D.Barnett, JQR 15 (1903), 334-6.

1141. Richardson, H.G. The English Jewry under Angevin Kings. Lo 1960.

1142. ———, ed. Calendar of the Plea Rolls of the Exchequer of the Jews Preserved by the Public Record Office and the British Museum 4. Lo 1972.

1143. Rigg, J.M., ed. Select Pleas, Starrs and Other Records from the Rolls of the Exchequer of the Jews, A.D.1220-1284. Lo 1902.

1144. ———, ed. Calendar of the Plea Rolls of the Exchequer of the Jews Preserved in the Public Record Office 1. (1218-1272). Lo 1905; 2. (1273-1275). Edinburgh 1910.

1145. Roth, C. "Elijah of London." JHSET 15 (1946), 29-62.

1146. ———. The Intellectual Activities of Medieval English Jewry. Lo [1948?].

1147. ———. The Jews of Mediaeval Oxford. O 1951.

1148. ———. "The Ordinary Jew in the Middle Ages: A Contribution to his History." Studies and Essays in Honor of Abraham A.Neuman, 424-37. Ldn-Ph 1962. Repr in his GEJHLA 1967, 20-33.

1149. Simonsen, D. "Observations sur l'alphabet hébreu-anglais du XIVe siècle." REJ 6 (1883), 285-6.

1150. Smalley, B. Hebrew Scholarship among Christians in XIIIth-Century England as Illustrated by some Hebrew-Latin Psalters. Lo 1939.

1151. Stokes, H.P. "A Jewish Family in Oxford in the 13th Century." JHSET 10 (1924), 193-206.

See also item 938.

3. JUDEO-GALLO-ROMANCE
LOANS AND ANTHROPONYMS
IN PIEDMONT JUDEO-ITALIAN

1152. Segre, R. "Familles judéo-françaises en Italie du Nord." AJ 4 (1967-8), 38-9.

See also items 34, 425, 938.

4. JUDEO-PROVENÇAL
SPEECH IN ARAGON

1153. Assis, Y.-T. "Juifs de France refugiés en Aragon, XIIIe-XIVe s." REJ 142 (1983), 285-322.

J. HEBREW SCRIPTS

See item 38.

V.

JUDEO-IBERO-ROMANCE

A. BIBLIOGRAPHIES

1154. Academia das Sciências de Lisboa. Bibliografia Luso-judaica. Coi 1913.

1155. Bunis, D.M. Sephardic Studies. A Research Bibliography, Incorporating Judezmo Language, Literature and Folklore, and Historical Background. NY-Lo 1981.

   Rev: P.Wexler, ZRPh 99 (1983), 621-5.
   H.V.Séphiha, REJ 145 (1986), 153-6.

1156. Cassuto, A. Gedenkschrift anlässlich des 250-jährigen Bestehens der portugiesisch-jüdischen Gemeinde in Hamburg. Mit Aufzählung der port.-jüdischen Rabbiner in Hamburg und der in Hamburg, Altona und Glückstadt gedruckten Bücher port.-jüdischer Autoren. A 1927.

1157. ———. Bibliografia da colecção do autor. Coi 1955. Orig in ABP 1 (1955).

1158. ———. "Bibliografia dos sermões de autos-da-fé impressos." ABP 2 (1956), 293-345.

1159. Kayserling, M. Biblioteca española-portugueza-judaica. Str 1890; 2nd ed with a prolegomenon by Y.H.Yerushalmi, NY 1971. Contains items 1160 and 1170 and his "Une histoire de la littérature juive de Daniel Lévi de Barrios." REJ 18 (1889), 277-89.

   Rev: M.Steinschneider, Central-Anzeiger für jüdische Litteratur 1 (1891), 123-4.
   Ibid., ZHB 7 (1903), 118-23, 155-60.
   L.Carracedo, ES 1 (1978), 273-6.

1160. ──────. "Notes sur la littérature des juifs hispano-portugais." REJ 22 (1891), 119-24. See item 1159.

1161. Levy, J.R. "Bibliografia hebraico-portuguesa." Boletim do Comité israelita de Lisboa 2 (1913), 86-9.

1162. Morreale, M. "Appuntes bibliográficos para la iniciación al estudio de las traducciones bíblicas medievales en castellano." Sefarad 20 (1960), 66-109.

1163. Ribeiro dos Santos, A. "Da litteratura sagrada dos Judeos portuguezes no século XVII." MLP 2 (1792), 354-414; 3 (1792), 227-373; 4 (1793), 306-38.

1164. ──────. "Ensayos de huma biblioteca lusitana anti-Rabbinica." MLP 7 (1806), 308-77.

1165. ──────. "Memorias da litteratura sagrada dos judeus portuguezes, desde os primeiros tempos da monarchia até as fines do século XV." MLP 2 (1869), 223-95.

1166. Riera i Sans, J. "Oracions en català dels conversos jueus. Notes bibliogràfiques i textos." AF 1 (1975), 345-67.

1167. Roth, C. "I Marrani di Livorno, Pisa e Firenze. Bibliografia ispano-giudaica delle opere pubblicate a Livorno (1654-1821)." RMI 7 (1932-3), 394-415.

1168. ──────. "The Marrano Press at Ferrara, 1552-1555." MLR 38 (1943), 307-17.

1169. Silva Rosa, J.S. da. 'Alfe mənaseh 1627--1 Januari--1927. A 1927.

1170. ──────. "Die spanischen und portugiesischen gedruckten Judaica in der Bibliothek des Jüd. Port. Seminars 'Ets Haïm' in Amsterdam. Eine Ergänzung zu Kayserlings 'Biblioteca española-portugueza-judaica'." Bijdragen en mededeelingen van het Genootschap voor de joodsche Wetenschap in Nederland, gevestigd te Amsterdam 5 (1933), 177-205. See item 1159.

1171. Studemund, M. Bibliographie zum Judenspanischen. Ham 1975.

Rev: M.A.Rodrigues, RPF 17 (1975-8), 726-8.

H. and R.Kahane, ZRPh 92 (1976), 636.
P.Wexler, VR 35 (1976), 288-91.
M.Sala, SCL 28 (1977), 576-8.

1172. Wexler, P. "Linguistica Judeo-Lusitanica." In item no. 8. 1985, 189-208.

See also items 1, 5, 12, 26, 34, 1182-3.

B. GENERAL DISCUSSIONS

1173. Alonso, D. "Canconillas de amigo mozárabes. (Primavera temprana de la lírica europea)." RFE 33 (1949), 297-349.

1174. Benoliel, J. "A propos des Juifs portugais." BH 37 (1935), 487-9.

1175. Catalan, D. "Ibero-Romance." Current Trends in Linguistics 9 (1972), no.2, 927-1106. Esp 1024-5.

1176. Meijer, J., ed. Encyclopaedia sefardica neerlandica 1-2. A 1949-50.

1177. Neuvonen, E.K. Los arabismos del español en el siglo XIII. Helsinki 1941.

1178. Révah, I.S. "Hispanisme et judaïsme des langues parlées et écrites par les Sefardim." Actas del primer simposio de estudios sefardíes, eds. I.M.Hassán et al., 1, 233-42, 444-53. M 1970.

1179. Roth, C. "The Role of Spanish in the Marrano Diaspora." Hispanic Studies in Honour of Ig.González Llubera, 299-308. O 1959.

1180. Sala, M. "Judeo-portuguez." Crestomaţie romanică, ed. I.Iordan, 2, 1210-11. Bucharest 1965.

1181. Steiger, A. Contribución a la fonética del hispano-árabe y de los arabismos en el ibero-románico y el siciliano. M 1932.

1182. Wexler, P. "Ascertaining the Position of Judezmo

within Ibero-Romance." VR 36 (1977), 162-95.

1183. ———. "Marrano Ibero-Romance: Classification and Research Tasks." ZRPh 98 (1982), 59-108.

See also items 19, 25-6, 28, 34, 53-5, 101.

C. HISTORICAL TEXTS AND FRAGMENTS

1. PRE-EXPULSION JUDEO-ARAGONESE,
JUDEO-CATALAN AND JUDEO-NAVARRAN

1184. Alvar, M. and J.Bosch Vilá. "Interpretación de un texto oscense en aljamía hebrea." Miscelánea ofrecida al Ilmo Sr.D.José Maria Lacavra y de Miguel, 11-22. Zaragoza 1968.

1185. Blondheim, D.S. Rev of M.L.Wagner. ASNSL 160 (1931), 149-51.

1186. Bosch Vilá, J. "Escrituras oscenses en aljamía hebraicoárabe." HMV 1 (1954), 183-214.

1187. Cabezudo Astrán, J. "Testamentos de judíos aragoneses." Sefarad 16 (1956), 136-47.

1188. Cagigas, I. de las. "Tres cartas públicas de comanda." Sefarad 6 (1946), 73-93.

1189. Cantera Burgos, F. "De epigrafía hebraicoespañola." Sefarad 2 (1942), 99-112.

1190. ———. "Cofradías judías de Zaragoza." Sefarad 7 (1947), 369-71.

1191. Castro, A., A.Millares Carlo and A.J.Battistessa, eds. Biblia medieval romanceada 1. Pentateuco. BA 1927.

1192. Díaz Esteban, F. "Textos de polémica antijudáica y judeo-catalano-aragoneses en un manuscrito de Burgo de Osma." RFE 48 (1965), 135-44.

1193. ———. "Un documento inédito de Teruel." AF 1 (1975), 95-108.

1194. ———. "Una carta hebrea de Carcasona." AF 4 (1978), 165-84.

1195. Durán i Sanpere, A. "Documents aljamiats de jueùs catalans (segle XV)." Butlletí de la Biblioteca de Catalunya 5 (1918-9), 132-48.

1196. García Gómez, E. "Las jarŷas mozárabes y los judíos de Al-Andalus." BRAE 37 (1957), 337-94.

1197. Griera, A., ed. Consueta jueva. San Cugat del Vallès 1966.

   Rev: J.M.Millás Vallicrosa, Sefarad 26 (1966), 352-4. J.Riera i Sans, ER 1970, 149-55.

1198. Gutwirth, E. "Fragmentos de siddurim españoles en la Gueniza." Sefarad 40 (1980), 389-401.

1199. Hinojosa Montalvo, J. "Sinagogas valencianas (1383-1492)." Sefarad 38 (1978), 293-307.

1200. Kayserling, M. Geschichte der Juden in Spanien und Portugal 1. Die Juden in Navarra, den Baskenländern und auf den Balearen. B 1861.

1201. ———. "Un contrat de mariage en langue catalane." REJ 24 (1892), 291.

1202. ———. "Mots espagnols dans le Schibbolè Hallékét." REJ 29 (1894), 154-5.

1203. Lacave, J.L. "Pleito judío por una heréncia en aragonés y caracteres hebreos." Sefarad 30 (1970), 325-37; 31 (1971), 49-101.

1204. ———. "La carnicería de la aljama zaragozana a fines del siglo XV." Sefarad 35 (1975), 3-35.

1205. Llorca, B. "La Inquisición en Valencia. Nuevos documentos que ilustran su primera actividad." HARL 2 (1936), 395-414.

1206. Magdalena Nom de Déu, J.R. "Población, propriedades e impuestos de los judíos de Castellón de la Plana durante la baja edad media." Sefarad 34 (1974), 273-88.

1207. Malkiel, Y. Development of the Latin Suffixes -antia and -entia in the Romance Languages, with Special Regard to Ibero-Romance. Bk-Los Angeles 1945.

1208. ———. "Las peripecías luso-españolas de la voz synagoga: en la encrucijada de helenismos y hebraismos." NRFH 32 (1983), 1-40.

1209. Millás Vallicrosa, J.M. "Documentos hebráicos del Archivo del Pilar, de Zaragoza." BAH 96 (1930), 669-84.

1210. ———. "D'epigrafía hebráico-catalana." Anuari de l'Institut d'Estudis catalans 7 (1931), 294-301.

1211. ———. "Manuscrits hebráics d'origen català a la Biblioteca Vaticana." HARL 1 (1936), 97-109.

1212. ———. Las Tablas astronómicas del rey Pedro el Ceremonioso. Primera edición crítica de los textos hebráico, catalan y latino, con estudio y notas. M-Bar 1962.

1213. ———. "Un oracional judáico redactado en catalan." Sefarad 26 (1966), 352-4.

1214. Morel-Fatio, A. "Notes et documents pour servir à l'histoire des juifs des Baléares sous la domination aragonaise du XIIIe au XVe siècle." REJ 4 (1882), 31-56.

1215. Olmo Lete, G. del and J.R.Magdalena Nom de Déu. "Documento hebreo-catalan de farmacopea medieval." AF 6 (1980), 159-87.

1216. Riera i Sans, J. Cants de noces dels jueus catalans. Bar 1974.

Rev: H.Guttel, REJ 135 (1976), 251-2.

1217. Romano, D. "El reparto del subsidio de 1282 entre las aljamas catalanas." Sefarad 13 (1953), 73-86.

1218. ———. "Documentos hebreos del siglo XIV, de Cataluña y Mallorca." Sefarad 34 (1974), 289-312.

1219. Séphiha, H.V. "Hispanité du ladino." HJ 3 (1984), 85-100.

1220. Solà-Solé, J.M. Sobre árabes, judíos y marranos y su impacto en la lengua y literatura españolas. Bar 1983. See esp "De nuevo sobre las arcas del Cid." 131-44. Orig in Kentucky Romance Quarterly 23 (1976), 3-15; "El rabí y el alfaquí en la Dança general de la muerte." 145-62. Orig in RPh 18 (1965), 272-83; "En torno a la Dança general de la muerte." 163-89. Orig in HR 36 (1968), 303-27.

   Rev: A.Gier, ZRPh 100 (1984), 557-9.

1221. Steiger, A. "Arag. ant. ayec, ayech '¡cuidado!'; Judeo-esp. hec; eya velar." RFE 35 (1951), 341-4.

1222. Steinschneider, M. Schach bei den Juden. Ein Beitrag zur Cultur- und Literaturgeschichte. B 1873. Esp 177. Orig in A.Van der Linde, Geschichte und Bibliografie des Schachspiels (B 1873), 155-201.

1223. Studer, P. "Notice sur un manuscrit catalan du XVe siècle (Bodley Oriental 9)." Romania 47 (1921), 98-104.

1224. Teicher, J.L. "The Latin-Hebrew School of Translators in Spain in the Twelfth Century." HMV 2 (1956), 403-44. Esp 409, 421.

1225. Vendrell de Millás, F. "Al margen de la organisación de la aljama judáica de Zaragoza." Sefarad 24 (1964), 81-106.

See also items 57, 101, 158, 352, 750, 819, 831-2, 1166, 1181.

2. PRE-EXPULSION JUDEO-PORTUGUESE TEXTS AND ETYMOLOGICAL COMPONENTS

1226. Blondheim, D.S. "An Old Portuguese Work on Manuscript Illumination." JQR n.s. 19 (1928-9), 97-135; 20 (1929-30), 89-90; "Additional Note." Ibid. 20 (1929-30), 283-4.

1227. ———. "Livro de como se fazen as côres." Todd

Memorial Volume, eds. J.D.Fitz-Gerald and P.Taylor, 1, 71-83. NY 1930.

1228. González Llubera, Ig. "Two Old Portuguese Astrological Texts in Hebrew Characters." RPh 6 (1953), 267-72.

1229. Hilty, G. "El Libro conplido en los iudizios de las estrellas." AA 20 (1955), 1-74.

1230. ————."Zur judenportugiesischen Übersetzung des Libro conplido." VR 16 (1957), 297-325; 17 (1958), 129-57, 220-59.

Rev: G.Tavani, RPF 11 (1962), 536-40.

1231. Malkiel, Y. "The Etymology of Portuguese 'iguaria'." Language 20 (1944), 108-30.

1232. ————. "Old Judaeo-Spanish yegüería 'mess, dish'." Language 21 (1945), 264-5.

1233. ————. "Castilian albriçias and its Ibero-Romance congeners." Studies in Philology 43 (1946), 498-521.

1234. Salomon, H.P. "A Fifteenth-Century Haggada with Ritual Prescriptions in Portuguese Aljamiado." Arquivos do Centro Cultural Português 15 (1980), 223-34.

1235. Spitzer, L. "Portuguese iguaria, Judeo-Spanish yegueria Again." Language 22 (1946), 358-9.

1236. Wagner, M.L. "Ant.esp. sinoga; ant.port. senoga, esnoga; jud.-esp. esnoga." RFE 10 (1923), 398-400.

See also item 696.

3. PRE-EXPULSION TRANSLATIONS FROM HEBREW AND JUDEO-ARABIC INTO CASTILIAN (IN LATIN CHARACTERS) AND CHRISTIAN TRANSLATIONS BELIEVED TO HAVE BEEN DONE DIRECTLY FROM HEBREW

1237. Amigo Espada, L. El léxico del Pentateuco de Constantinopla y la Biblia Medieval Romanceada Judeoespañola.

M 1981.

Rev: E.Gutwirth, JQR n.s. 75 (1984-5), 90-3.

1238. ———. El Pentateuco de Constantinopla y la Biblia Medieval Romanceada Judeoespañola. Critérios y fuentes de traducción. Salamanca 1983.

Rev: H.V.Séphiha, REJ 145 (1986), 156-8.
See also item 1237R.

1239. Bar-Lewaw, I. "Pedro de Toledo; el primer traductor español del "More Nebujim"." Homenaje a Antonio Rodríguez Moñino 1, 57-64. M 1966.

1240. Berger, S. [Notice on two Judeo-Castilian Bibles]. Bulletin des antiquaires 1898, 239-44.

1241. ———. "Les Bibles castillans et portugais." Romania 28 (1899), 360-408, 508-42, 557-67.

1242. Branciforti, F., ed. El libro de Job. Messina 1962.

1243. ———. Las Flores de los 'Morales de Job'. Fl 1963.

Rev: M.Morreale, HR 34 (1966), 361-5.

1244. Brown, M.J.S. "The Books of Samuel According to Escorial Manuscript I.I.8: Text, Vocabulary and Phonology." PhD, Tulane Univ, New Orleans 1982. DAb 43/3, 1982, no.786-A.

1245. Galdós, R.S.J. and P.Romualdo. "Bíblia de la Casa de Alba." Razón y fe 73 (1925), 223-6.

1246. ———. "La traducción hebreo-castellana del Libro de Isaías en la Biblia Ferrariense y en la de la Casa de Alba." Estudios eclesiásticos 5 (1926), 210-2.

1247. Hauptmann, O.H. "Notes on the Lexicon of Old Judaeo-Spanish Bible Translations." RPh 3 (1949), 157-9.

1248. ———. "Additional Notes on the Lexicon of Old Judaeo-Spanish Bible Translations." RPh 5 (1951), 163-5.

1249. ———, ed. Escorial Bible I.j.4. 1. The Pentateuch. Ph 1953.

Rev: H.Percas, Revista hispánica moderna 19 (1953), 109-10.

F.Cantera Burgos, Arbor 29 (1954), 561-3.
R.Levy, NRFH 8 (1954), 80-1.
I.S.Révah, Bulletin des études portugaises et de l'Institut Français du Portugal n.s. 18 (1954), 187-8.
R. de Vaux, RB 61 (1954), 260-1.
P.Kahle, Theologische Literaturzeitschrift 80 (1955), 84-6.
W.Giese, ZRPh 72 (1956), 156-8.
R.S.Willis, HR 24 (1956), 71-9.
Ig.González Llubera, BHS 34 (1957), 41-2.

1250. ———. "Las medievales Biblias judeo-españolas." Davar 56 (1955), 82-9.

1251. Lazar, M., ed. Maimonides. Mostrador e enseñador de los turbados [Guide of the Perplexed]. Mad. In press.

1252. ———, ed. Yehuda Halevi. Book of the Kuzari [Sefer Ha-Kuzari]. Mad. In press.

1253. ——— et al., eds. Diccionario ladino-hebreo con glosario ladino-español. Fasc 1. J 1976.

Rev: P.Wexler, VR 38 (1979), 279-83.

1254. Levy, R. "The Vocabulary of the Escorial Manuscript I.j.4." HR 11 (1943), 57-63.

1255. Lipton, W.S. "Esther xi.7-9 in the Biblia de Alba." RPh 17 (1963), 110-5.

1256. Llabras y Quintana, G., ed. Jahuda Bonsenyor, Libre de paraules edits de savis e filosofs, Los Proverbs de Salomo, lo libre de Cato. PM 1889.

1257. Llamás, J. "Biblia del siglo XIV traducida del hebreo." Estudios bíblicos 2 (1943), 321-99.

1258. ———. "La antigua Biblia castellana de los judíos españoles." Sefarad 4 (1944), 219-44.

1259. ———. "Nueva Biblia medieval judía e inédita en romance castellano." Sefarad 9 (1949), 53-74.

1260. ———. Biblia medieval romanceada judío-cristiana (Biblia Ladina) 1-2. M 1950-5.

Rev: Ig.González Llubera, BHS 27 (1950), 252-4.
E.Salomonski, VR 12 (1951), 184-5.
I.S.Révah, REJ 112 (1953), 84-5.
H.Lausberg, ASNSL 192 (1955-6), 243-4.

1261. ———. "Antigua Biblia judía medieval romanceada." Sefarad 11 (1951), 289-304.

1262. ———. "Los epígrafes de los Salmos en las Biblias castellanas judías medievales." Sefarad 13 (1953), 239-56.

1263. ———. "Muestrario inédito de prosa bíblica en romance castellano. Antigua Biblia judía medieval romanceada." La Ciudad de Dios 70 (1954), 387-99.

1264. Lopez, M. "La Biblia de Ferrara." Cuadernos teológicos (BA) 7 (1953), 82-95.

1265. Lopez, P. "Une "Biblia medieval romanceada": lexique." Mélanges offerts à Charles Vincent Aubrun, ed. H.V. Séphiha 1, 409-14. P 1975.

1266. Morreale, M. "La Biblia de Alba." Arbor 47 (1960), 47-54.

1267. ———. "Algunas adiciones al 'Diccionario crítico' de Corominas derivadas de las antiguas Biblias." RPF 11 (1961), 119-22.

1268. ———. "Biblia romanceada y diccionario histórico. Observaciones del curioso lector." Studia philologica. Homenaje ofrecido a Dámaso Alonso 2, 509-36. M 1961.

1269. ———. "El glosario de Rabí Mosé Arragel en la "Biblia de Alba"." BHS 38 (1961), 145-52.

1270. ———. "Arcaismos y aragonesismos en el Salterio del manuscrito bíblico escurialense I-j-8." AFA 12-3 (1961-2), 7-23.

1271. ———. "Libros de oración y traducciones bíblicas de los judíos españoles." RABLBB 29 (1961-2), 239-50.

1272. ———. "Algunas adiciones al DCELC derivadas de la versión bíblica del MS escurialense I-j-6." BRAE 42 (1962), 245-53.

1273. ———. "El Códice de los Profetas en latín y castellano que se conserve en la Biblioteca de la Academia de la

Historia (87)." BAH 150 (1962), 133-49.

1274. ————. "Latín eclesiástico en los libros sapienciales y romanceamientos bíblicos. Cuadros para el estudio comparado del léxico medieval castellano en los MSS escurialenses I-j-6 y I-j-4." BRAE 42 (1962), 461-77.

1275. ————. "Algunas adiciones al 'Diccionario crítico' de Corominas sacadas de las antiguas Biblias judeo-españolas (Esc.I-j-5 y I-j-4)." RPF 12 (1962-3), 383-93.

1276. ————. "Aspectos no filológicos de las versiones bíblicas medievales en castellano (Esc. I-j-4 y Ac.87)." Annali del Corso di Lingue e Letterature Straniere presso l'Università di Bari 5 (1963), 161-87.

1277. ————. "Las antiguas Biblias hebráico-españolas comparadas en el pasaje del Cántico de Moisés." Sefarad 23 (1963), 3-21.

1278. ————. "Vernacular Scriptures in Spain." The Cambridge History of the Bible, ed. G.W.H.Lampe 2, 465-91. C 1969.

1279. ————. "Los glosarios latino-castellanos del s.XV considerados en relación con los romanceamientos bíblicos medievales." RFE 61 (1981), 15-28.

1280. Nordström, C.-O. The Duke of Alba's Castilian Bible. A Study of the Rabbinical Features and of the Miniatures. Uppsala 1967.

1281. Obadia, G. "La version espagnole du Livre d'Esaïe, dans IJ3, Ferrare (1553) et Salonique (1568/1569)." DES. P 1962.

1282. Oroz, R. "El vocabulario del ms. escurialense I.J.8, según la "Biblia medieval romanceada"." Boletín del Instituto de Filología de la Universidad de Chile 4 (1946), 261-434.

1283. Pascual Recuero,P. Diccionario básico ladino-español. Bar 1977.

1284. Paz y Mélia, A. "La Biblia puesta en romance por Rabí Mosé Arragel de Guadalfajara, 1423-1433 (Biblia de la Casa de Alba)." Homenaje a Menéndez y Pelayo 2, 5-93. M 1899.

1285. ———. Arragel Mosé. Biblia de la Casa de Alba...1-2.
M 1918-21 (but colophon gives the date 1921).

1286. Pelce, M. "Proverbes, Cantique des Cantiques et Livre de Ruth, dans IJ3 et Ferrare." DES. P 1962.

1287. Revilla, M. "Notas para la historia de las antiguas versiones castellanas de la Biblia." Boletín de la Asociación para el Fomento de Estudios Bíblicos en España 49-50(?). M 1926.

1288. Ricci, C. La Biblia de Ferrara. BA 1926.

1289. Ridet, M. "Edition et étude lexicale du "Livre de la Genèse" édité dans la Bible de Ferrare (1553)." Thèse, Sor. P 1978.

1290. Rosenblatt, D. "Mostrador e enseñador de los turbados: the First Spanish Translation of Maimonides' Guide of the Perplexed." SHMJB 1965, 47-82.

1291. Sachs, G.E. "Fragmento de un estudio sobre la Biblia Medieval romanceada." RPh 2 (1949), 217-28.

Rev: R.Levy, RPh 3 (1950), 261-2.

1292. Schiff, M. "Una traducción española del "More Nebuchim de Maimonides"; notas acerca del manuscrito KK-9 de la Biblioteca Nacional." Revista crítica de historia y literatura españolas, portuguesas e hispano-americanas 2 (1897), 160-76; "La traducción castellana del "More Nebuchim"." Ibid. 267 (cor).

1293. Séphiha, H.V. "Evolution du ladino judéo-calque du XIIIe siècle à nos jours." REJ 134 (1975), 198-201.

1294. Solalinde, G.A. "Los nombres de animales puros e impuros en las traducciones medievales de la Biblia." MPh 27 (1929-30), 473-85; 28 (1930-1), 83-98.

Rev: D.S.Blondheim, RFE 19 (1932), 68-73.

1295. Verd, G.M. "Las Biblias romanzadas. Criterios de traducción." Sefarad 31 (1971), 319-51.

1296. Wexler, P. "De-Judaicization and Incipient Re-Judaicization in 18th-Century Portuguese Ladino." Iberoromania n.F. 25 (1987), 23-37.

1297. Wiener, L. "The Ferrara Bible." MLN 10 (1895), col 81-5; 11 (1896), col 24-42, 84-105.

See also items 56R, 573, 1000, 1191.

4. MARRANO PORTUGUESE IN THE PENINSULA
AND IN THE PORTUGUESE AND SPANISH COLONIES
(15th CENTURY UP TO THE PRESENT)

1298. Baião, A. A Inquisição em Portugal e no Brasil. Li 1921.

1299. Barros Basto, A.C. de, tr. A noite de Shabbath (segundo o rito português). Op 1927.

1300. ———, tr. A oferenda de Shabbath (segundo o rito português). Op 1927.

1301. ———, tr. Dôr e fé (Orações, segundo o rito português, pelos doentes, moribundos e mortos). Op 1928.

1302. ———, tr. Hagadah shel pessah (Ritual da Ceia Pascal). Op 1928.

1303. ———, ed. "Tradições Cripto-Judaicas: o manuscrito de Rebordelo." Ha-Lapíd 10.2.1928, 4-8; 11.2.1928, 6-8; 12.2.1928, 4-6.

1304. ———. "Tradições cripto-judaicas." Ha-Lapíd 18.3.1928, 4-6; 21.3.1928, 6-8; 22.3.1928, 6-8.

1305. ———, tr. Nehilah ou encerramento de Kipur (segundo o rito português). Op 1929.

1306. ———, tr. Oração antes de deitar (segundo o rito português). Op 1940.

1307. ———, tr. As noites do Hanukan ou festa dos Macabeus (segundo o rito português). Op 1943.

1308. ———, tr. Oração de saúdade dos mortos. Op 1945.

1309. Basadre, J. "Apellidos españoles y portugueses en el Perú, de procedencia judía." Judaica (BA) 51-3 (1937), 190-3.

1310. Bet Hatfutsot Museum at Tel-Aviv University. Videotaped Interview with Marranos in Belmonte, Portugal.

1311. Böhm, G. Nuevos antecedentes para una historia de los judíos en Chile colonial. Santiago de Chile 1963. Esp 97-102.

1312. Braunstein, B. The Chuetas of Majorca. Conversos and the Inquisition of Majorca. NY 1936. Catalan tr Bar 1976.

1313. Costa Fontes, M. da. "Four Portuguese Crypto-Jewish Prayers and their "Inquisitorial" Counterparts." MedLR 6 forthcoming. See also the account in La Corónica 9:1 (1980), 33-4.

1314. Cunha e Freitas, E. de A. da. "Tradições judio-portuguesas." DL 4th ser, 5-6 (1952), 17-22.

1315. ———. "Tradições judio-portuguesas: novos subsídios." DL 6th ser, 1-2 (1954), 145-9.

1316. Dordick, M.E. "An Edition of the Sixteenth-Century Portuguese Manuscript Espelho de Christãos Novos by Frei Francisco Machado." PhD, Univ of Wisconsin, Mad 1965. Univ Microfilm *65-14, 867.

1317. Fischel, W.J. "Garcia de Orta--a Militant Marrano in Portuguese-India in the 16th Century." SWBJV 1974, 407-32.

1318. Glaser, E. "Referencias antisemitas en la literatura peninsular de la edad de oro." NRFH 8 (1954), 39-62.

1319. ———. "Portuguese Sermons at Autos-da-fé: Introduction and Bibliography." Studies in Bibliography and Booklore 2 (1955), 53-78, 96.

1320. ———. "Invitation to Intolerance: A Study of the Portuguese Sermons Preached at Autos-da-fé." HUCA 27 (1956), 327-85.

1321. Ha-Lapíd; o facho 1-32. Op 1927-58.

1322. Lamotte, S. "Etudes sur l'histoire des Portugais du Maroc, de Robert Picard, index." ABP 17 (1971-3), 34-96.

1323. Leite de Vasconcellos, J. Antroponimia portuguesa. Li 1928. Esp 398-421.

1324. ———. "Cristãos-Novos do nosso tempo em Trás-os-Montes e na Beira." In his Etnografia portuguesa, ed. M. Viegas Guerrero 4, 162-255. Li 1958.

1325. Link, P. El aporte judío al descubrimiento de América. BA 1974. Esp 37-8.

1326. Loeb, I., H.Graetz and F.Fita. "La Inquisición de Torquemada. Secretos íntimos." BAH 23 (1893), 369-434.

1327. Mendes dos Remédios, J. "Costumes judaicos descritos por um converso." Biblos 3 (1927), 18-29.

1328. ———. "Os judeus portugueses através dalguns documentos literários." Biblos 3 (1927), 237-63.

1329. ———. Os Judeus em Portugal 1-2. Coi 1928.

1330. Paulo, A. Romanceiro cripto-judaico. Subsídios para o estudo de folclore marrano. Bragança 1969.

1331. ———. Os criptojudeus. Op [1969 or 1970?].

1332. Revah, I.S., ed. J. de Barros, Diálogo evangélico sobre os artigos da fé contra o Talmud dos Judeus. Li 1950.

1333. ———. "D.Vicente Nogueira et la synagogue de Rome." ABP 1 (1955), 235-8.

1334. ———. "Les marranes portugais et l'Inquisition au XVIe siècle." The Sephardi Heritage, ed. R.D.Barnett 1, 479-526. Lo 1971.

1335. Schwarz, S. Os Cristãos-Novos em Portugal no século XX. Li 1925.

1336. Selke, A. Los chuetas y la Inquisición: Vida y muerte en el ghetto de Mallorca. M 1972. Repr as Vida y muerte de los chuetas de Mallorca. M 1980; Eng tr: The Conversos of Majorca. Life and Death in a Crypto-Jewish Community in XVII-Century Spain. J 1986.

1337. Silva Carvalho, A. da. "Garcia d'Orta." Revista da Universidade de Coimbra 12 (1934), 61-246.

1338. Silva Rosa, J.S. da. "Marranos (Nieuw-Christen) in Portugal in de 20ste eeuw." De vrijdagavond (A) 2 (1925), 280-2.

1339. Waingort-Novinsky, A. [Novinsky] Cristãos Novos na Bahia. SP 1972.

1340. Wiznitzer, A. "The Minute Book of Congregations Zur Israel of Recife and Magen Abraham of Maurícia, Brazil." AJHSP 42 (1953), 217-302, 387-95.

1341. ———. The Records of the Earliest Jewish Community in the New World. NY 1954.

1342. ———, ed. O Livro de Atas das Congregações judaicas Zur Israel em Recife e Magen Abraham em Maurícia, Brasil, 1648-1653. Rio 1955, 12-3, 213-40. (Anais da Biblioteca Nacional 74.)

1343. ———. Jews in Colonial Brazil. NY 1960. Portuguese tr: Os Judeus no Brasil colonial. SP 1966.

1344. Wolff, E. and F. Judeus no Brasil imperial. SP 1975. Esp 232-6.

See also items 1157-8.

5. EMIGRE MARRANO PORTUGUESE, SPANISH
AND LADINO IN THE NON-IBERO-ROMANCE
LANDS (16TH CENTURY UP TO THE PRESENT)

1345. Abraham, R.D. "An Amsterdam Version of the Judeo-Spanish Haftara Paraphrase." RPh 14 (1961), 237-44.

1346. Adams, K. "Castellano, judeoespañol y portugues: el vocabulario de Jacob Rodrigues Moreira y los sefardíes londinenses." Sefarad 26 (1966), 221-8, 435-47; 27 (1967), 213-25.

1347. Amzalak, M.B., ed. Notisias dos Judeos de Cochim, mandades por Mosseh Pereyra de Paiva. Li 1923.

1348. ———, ed. Isaac Orobio de Castro, La observancia de la divina ley de Mosseh. Coi 1925.

1349. ———, ed. Maimonides, Da lei divina. Traducção espanhola de David Cohen de Lara. Li 1925.

1350. ———, ed. A traducção espanhola do livro de Joseph Caro Šulxan hapanim feita por Mosé Altarás sob a denominação de 'Libro de mantenimiento de la alma'. Li 1927.

1351. ———, ed. Um manuscrito inédito de Isaac Sasportas rabino de Amsterdam no século XVIII. Li 1927. Also in Revista de estudos hebráicos 1 (1928), 57-95.

1352. ———, Um problema de bibliografia portugueza-judaica. Jahakob Pereira. Li 1927.

1353. Bab, A. "Die Familiennamen der kreolischen Juden." JFF 22 (1930), 255-61.

1354. ———. "Nachtrag zu Die Familiennamen der kreolischen Juden." JFF 24 (1930), 312-5.

1355. Barnett, L.D. El libro de los acuerdos. Being the Records and Accompts of the Spanish and Portuguese Synagogue of London from 1663 to 1681. O 1931.

1356. Besso, H.V. "Dramatic Literature of the Spanish and Portuguese Jews of Amsterdam in the XVII and XVIII Centuries." BH 39 (1937), 215-38; 40 (1938), 32-47, 158-75; 41 (1939), 316-44. Sep NY 1947.

1357. Brugmans, H. and A.Frank. Geschiedenis der Joden in Nederland. A 1940.

1358. Cassuto, A. "Die portugiesischen Juden in Glückstadt." JJLG 21 (1930), 287-317.

1359. ———. "Items from the Old Minute Book of the Sephardic Congregation, of Hamburg, Relating to the Jews of Barbados." AJHSP 32 (1931), 114-6.

1360. C[assuto?], J. "Aus dem ältesten Protokollbuch der Portugiesisch-Jüdischen Gemeinde in Hamburg." JJLG 6 (1908), 1-54; 7 (1909), 159-210; 8 (1910), 227-90; 9 (1911), 318-66; 10 (1912), 225-95; 11 (1916), 1-76; 13 (1920), 55-118.

1361. ——. "Die Familiennamen der kreolischen Juden." JFF 23 (1930), 289-90; 25 (1931), 326-8.

1362. ——. "O livro dos "Pregoems" dos Judeus portugueses de Hamburgo." RL 31 (1933), 80-98.

1363. Corré, A.D. "The Anglo-Sephardic Pronunciation of Hebrew." JJS 7 (1956), 85-90.

1364. ——. "The Spanish Haftara for the Ninth of Ab." JQR n.s. 48 (1957-8), 13-34.

  Rev: R.D.Abraham, RPh 14 (1961), 237-44.

1365. ——. "A Judaeo-Spanish Homily for the Ninth of Ab." JQR n.s. 56 (1965-6), 212-24.

1366. ——. "Una elegía judeo-española para el nueva de 'Ab." Sefarad 28 (1968), 399-402.

1367. Fishlock, A.D.H. "La plainte de João Pinto Delgado sur le pillage des trésors du temple." Revue de littérature comparée 28 (1954), 66-75.

1368. Fuks, L. and R.G.Fuks-Mansfeld, eds. with philological commentary by B.N.Teensma. David Franco Mendes, Memorias do estabelecimento e progresso dos Judeos portuguezes e espanhoes nesta famosa cidade de Amsterdam (1769). SR 9 (1975).

1369. Gaster, M. Order of Ceremonies and Laws of the Society Mikve Israel. Lo 1899.

1370. ——. History of the Ancient Synagogue of the Spanish and Portuguese Jews...a Memorial Volume...1701-1901. Lo 1901.

1371. Gebhardt, K. "Der Name Spinoza." CS 1 (1921), 272-6.

1372. Granda, G. de. "El repertorio lingüístico de los sefarditas de Curaçao durante los siglos XVII y XVIII y el problema del origen de Papiamento." RPh 28 (1974), 1-16.

1373. Grunwald, M. Portugiesengräber auf deutscher Erde. Beiträge zur Kultur- und Kunstgeschichte. Ham 1902.

1374. Henriquez Pimental, M. and I.Cassuto. "Sephardische familien-namen." In item 1176. 2 (1950), 135-42.

1375. Jard, D. "Versions judéo-espagnoles du Livre d'Ezéchiel imprimées à Ferrare et à Salonique au XVIe siècle." Mémoire de Maîtrise. P 1968.

1376. Klijnsmit, A.J. "Spinoza over taal." SR 19 (1985), 1-38.

1377. Koen, E.M. and W.Chr.Pieterse. "Notarial Records Relating to the Portuguese Jews in Amsterdam up to 1639." SR 1 (1967), 1, 109-15; 2, 110-22; 2 (1968), 111-26, 257-72; 3 (1969), 113-25, 234-54; 4 (1970), 115-26, 243-61; 5 (1971), 106-24, 219-45; 6 (1972), 107-23, 229-45; 7 (1973), 116-27, 266-79; 8 (1974), 138-45, 300-7; 10 (1976), 95-104, 212-31; 11 (1977), 81-96, 216-27; 12 (1978), 158-79; 13 (1979), 101-14, 220-40; 14 (1980), 79-102; 15 (1981), 143-54, 245-55; 16 (1982), 61-84, 196-218; 17 (1983), 66-79, 210-7; 18 (1984), 61-73, 159-76; 19 (1985), 79-90, 174-84; 20 (1986), 109-30; 21 (1987), 105-15, 198-203. The title varies slightly in the earliest installments.

1378. Laski, N. The Laws and Charities of the Spanish and Portuguese Jews Congregation of London. Lo 1952.

1379. Maler, B. "Duas notas marginais a "Consolaçam" de Samuel Usque." BF 8 (1947), 261-6.

1380. ———. "Las palabras ermolho y ermolhecer en la Consolação de Samuel Usque." BF 10 (1949), 344-52.

1381. ———. A Bíblia na 'Consolaçam' de Samuel Usque (1553). St 1974.

   Rev: G.Nahon, REJ 136 (1977), 251.
   N.Fernández Marcos, ES 1 (1978), 284-6.
   D.Wasserstein, JJS 29 (1978), 207.

1382. Mendes dos Remédios, J., ed. S.Usque, Consolaçam as tribulaçoens de Israel. Coi 1906-8.

1383. ———. Os Judeus em Amsterdam. Coi 1911.

1384. ———. "A "Consulação às tribulações" de Usque." Biblos 3 (1927), 408-24.

1385. Morreale, M. "La Biblia de Ferrara y el Pentateuco de Constantinopla." TJS 5 (1962), lxxxv-xci.

1386. Nahon, G. "Le registre espagnol des circoncisions de Samuel Gomes Atias (Bidache 1725-1773)." BH 76 (1974), 142-82.

1387. Paiva Boléo, M. da. A língua portuguesa em Hamburgo. Coi 1934. Esp 30-1, fn.2, 50. Orig in Biblos 7 (1931), 281-300.

1388. Pieterse, W.Chr. Inventaris van de archiven der Portugues-Israëlietische Gemeente te Amsterdam 1614-1870. A 1970.

1389. ———. Livro de Bet Haim do Kahal Kados de Bet Yahacob. Assen 1970.

1390. Romano, D. "Notas sobre el judeoespañol en una obra de Bassani." Sefarad 30 (1970), 198-200.

1391. Rypins, S. "The Ferrara Bible at press." The Library 5th ser, 10 (1955), 244-69.

1392. Salomon, H.P. "Hispanic Liturgy among Western Sephardim." AS 2 (1968), 49-59.

1393. ———. "The "Last Trial" in Hispanic Liturgy." ASE 1968-9, 51-78.

1394. ———. "The Strange Odyssey of "Bendigamos"." AS 3 (1969), 69-78.

1395. ———. "Midrash, Messianism and Heresy in Two Spanish Hebrew Hymns." AS 4 (1970), 165-80.

1396. ———. ""Leha Dodi": Hispanic Origins and Spanish Translations." AS 5 (1971), 33-42.

1397. ———. "The "Last Trial" in Portuguese." Studi sull'ebraismo italiano, 161-83. R 1974.

1398. ———. "The "De Pinto" Manuscript. A 17th-Century Marrano Family History." SR 9 (1975), 1-62.

1399. Schatzky, J. "El teatro de los Sefardíes de Holanda." Judaica (BA) 9 (1941), 99-110.

1400. Séphiha, H.V. "Versions judéo-espagnoles du livre de Jérémie imprimées à Ferrare et à Salonique au XVIe siècle." TJS 11-2 (1969-70), xxxii-xxxviii.

1401. ———. "Bibles judéo-espagnoles: littéralisme et commentateurs." Iberoromania 2 (1970), 56-90.

1402. ———. "The 'Real' Ladino." AS 5 (1971), 50-8.

1403. ———. "Versiones judeo-españolas del libro de Jeremías impresas en Ferrara y Salónica en el siglo XVI: Influencia de los comentaristas." Sefarad 31 (1971), 179-84.

1404. ———. Le ladino. Judéo-espagnol calque. Deutéronome. Versions de Constantinople (1547) et de Ferrare (1553). Edition, étude linguistique et lexique. P 1973.

   Rev: C.Leselbaum, REJ 133 (1974), 542-5.
   R.-S.Sirat, REJ 133 (1974), 537-42.
   L.Combet, BH 77 (1975), 412-7.
   C.Hagège, BSLP 70 (1975), fasc 2, 331-41.
   M.Morreale, MR 2 (1975), 460-78.
   R.Pellen, RLingR 39 (1975), 492-6.
   M.A.Rodrigues, RPF 17 (1975-8), 772-6.
   M.Sala, SCL 27 (1976), 329-31.
   H.P.Salomon, SR 10 (1976), 241-5.

1405. ———. "Ladino (judéo-espagnol calque) et commentateurs." Revue de l'histoire des religions 188 (1975), 117-28.

   Rev: G.Nahon, REJ 136 (1977), 255.

1406. ———. Le Ladino (judéo-espagnol calque): Structure et évolution d'une langue liturgique 1. Théorie du ladino; 2. Textes et communications. P 1982.

   Rev: M.Boaziz-Aboulker, REJ 146 (1987), 405-8.

1407. Silva Germano, P. da. "A língua portuguesa usada pelos judeus sefarditas no exílio." Dissertação de Lic, Univ of Li 1968.

1408. Solomons, I. David Nieto. Haham of the Spanish and Portuguese Jews' Congregation... Lo 1931 (JHSET 12.)

1409. Szajkowski, Z. "Notes on the Languages of the Marranos and Sephardim in France." FMW 1964, 237-44.

1410. Teensma, B.N. "Erasmus bewerkt, vertaald, ontkerstend en verjoodst." SR 17 (1983), 147-76.

1411. ———. "Sefardim en portugese taalkunde in Nederland." SR 19 (1985), 39-78.

1412. Toaff, R. "Il "Libro Nuovo" di statuti della Nazione ebrea di Pisa." SEMGB 1966, 227-62.

1413. ———. "Statuti e leggi della "Nazione ebrea" di Livorno." RMI 34 (1968), 9-11; app 38 (1972).

1414. Valat, D. "La version espagnole des Douze petits prophètes dans Salonique et Ferrare." DES. P 1962.

1415. Van Praag, J.A. "El "Diálogo dos montes" de Rehuel Jessurun." Mélanges Salverda de Grave, 242-55. A 1933.

1416. ———. "Dos comedias sefarditas." Neophilologus 25 (1940), 93-101.

1417. Wagner, M.L. "A propósito do judeo-espanhol ermoyo." BF 9 (1949), 349-51.

See also items 574-6, 1179, 1183, 1281, 1286, 1296.

D. ONOMASTICS (OF ALL THE JUDEO-IBERO-ROMANCE LANGUAGES)

1418. Adler, E.N. "Provençal and Catalonian Responsa." JQR 12 (1900), 143-9.

1419. Aguiló, E. "La bibliographie de Léon Mosconi I." REJ 40 (1900), 168-9. Repr in BSAL 10 (1903-4).

1420. Alturo i Perucho, J. "Notícia de tres noves subscripciones hebraiques en diplomes de l'Arxiu de Santa Anna de Barcelona." AF 4 (1978), 157-64.

1421. Baer, F. Die Juden im christlichen Spanien 1-2. B 1929-36; 2nd ed Westmead, Farnborough 1970 has additional bibliography by H.Beinart.

   Rev: M.Grunwald, MGWJ 73 (1929), 366-76.

1422. ———. A History of the Jews in Christian Spain 1-2. Ph 1961-6.

1423. Balaguer y Merino, A. "Noticia dels Jueus conversos quals bens foren robats en lo saqueig y destruccio del Calljuich de Barcelona en 1391." La Veu del Montserrat 6 (1881), 231, 239, 256.

1424. Battle Gallart, C. "Solución al problema de las dos sinagogas de Gerona." Sefarad 19 (1959), 301-20.

1425. Bofarull y Sans, F. de. "Colección de cartas inéditas del Archivo general de la Corona de Aragón--Reynaido de D.Juan 1." Revista histórica 3 (1876).

1426. Braamcamp Freire, A. "As conspirações no reinado de D.João II. Documentos." AHP 2 (1904), 27-33; 4 (1906), 435.

1427. ―――. "Os sessenta milhões outorgados em 1478." AHP 4 (1906), 435-8.

1428. Cabezudo Astrán, J. "Nuevos documentos sobre judíos zaragozanos." Sefarad 20 (1960), 407-17.

1429. ――― [Astrain]. "Los conversos de Barbastro y el apellido Santángel." Sefarad 23 (1963), 265-84.

1430. Cantera Burgos, F. "Lápidas hebráicas del Museo de Toledo." Sefarad 3 (1943), 107-14.

1431. ―――. "Raquel e Vidas." Sefarad 18 (1958), 99-108.

1432. Díaz Esteban, F. "Documentos latinohebreos del Archivo de la Iglesia de Santa María del Mar de Barcelona." Boletín de la Asociación española de orientalistas (M) 9 (1973), 151-72.

1433. Dubler, C.E. Über das Wirtschaftsleben auf der iberischen Halbinsel vom XI. zum XIII. Jahrhundert. G-Erlenbach-Zürich 1943.

1434. Durán Sanpere, Ag. and M.Schwab. "Les Juifs à Cervera et dans d'autres villes catalanes." Sefarad 34 (1974), 79-114.

1435. Eisenbeth, M. Les Juifs de l'Afrique du Nord. Démographie et onomastique. Algiers 1936.

1436. Els "Libri Judeorum" de Vic de Cardona. Bar 1985.

Rev: B.Leroy, REJ 145 (1986), 412-5.

1437. Emmanuel, I.S. "Het oude joodsche kerkhof op Curaçao." Lux (Curaçao) 4 (1944), 1-7.

1438. ———. Precious Stones of the Jews of Curaçao: Curaçaoan Jewry, 1656-1957. NY 1957.

1439. ———. "El portugués en la sinagoga "Mikve Israel" de Curaçao." TJS 1 (1959), xxv-xxxi.

1440. ——— and S.A.Emmanuel. History of the Jews in the Netherlands Antilles 1-2. Cincinnati 1970.

Rev: G.de Granda, ES 1 (1978), 252-4.

1441. Ferro Tavares, M.J.P. Os judeus em Portugal no século XV 1. Li 1982.

1442. Freimann, A. "Kopisten hebräischer Handschriften in Spanien und Portugal." ZHB 14 (1910), 105-12.

1443. Gama Barros, H. da. "Judeus e Mouros em Portugal em tempos passados (apontamentos histórico-etnográficos)." RL 35 (1937), 161-238.

1444. Ginsburger, E. "Marie de Hongrie, Charles-Quint, les veuves Mendès et les néo-chrétiens." REJ 89 (1930), 179-92.

1445. Gottheil, R.J.H. "The Jews and the Spanish Inquisition (1622-1721)." JQR 15 (1903), 182-250. Esp 234-50.

1446. Hamet, I. Les Juifs du Nord de l'Afrique (noms et surnoms). P 1928.

1447. Jacobs, J. An Inquiry into the Sources of the History of the Jews in Spain. Lo 1894. Includes item 1499.

Rev: M.Kayserling, JQR 8 (1896), 486-99.

1448. Kaufmann, D. "Les martyrs d'Ancône." REJ 11 (1885), 149-53.

1449. Kayserling, M. "Nouvelle note sur la bibliothèque de Léon Mosconi." REJ 42 (1901), 277-9. Repr in BSAL 10 (1903-4).

1450. ———. "Notes sur les Juifs d'Espagne. Les Juifs de Barcelone." REJ 48 (1904), 142-4.

1451. Laredo, A.I. Les noms des Juifs du Maroc. Essai d'onomastique judéo-marocaine. M 1978.

1452. Leroy, B. "Recherches sur les Juifs de Navarre à la fin du Moyen Age." REJ 140 (1981), 319-432.

1453. Lévi, A. Les vestiges de l'espagnol et du portugais chez les Israélites de Bayonne. Bayonne 1930. (Société des sciences, lettres, arts et d'études régionales de Bayonne. Bulletin 6.)

1454. Loeb, I. "Liste nominative des Juifs de Barcelone en 1392." REJ 4 (1882), 57-77.

1455. ———. "Un convoi d'exilés d'Espagne à Marseille en 1492." REJ 9 (1884), 66-76.

1456. ———. "Histoire d'une taille levée sur les Juifs de Perpignan en 1413-1414." REJ 14 (1887), 55-79.

1457. López Álvarez, A.M. "Repertorio onomástico sefardí en la obra histórica de Abraham Galante." Memoria de Lic, Univ Complutense de M 1972.

1458. Magdalena Nom de Déu, J.R. "Delitos y "calonies" de los judíos valencianos en la segunda mitad del siglo XIV (1351-1384)." AF 2 (1976), 181-225.

1459. ———. "Delitos de los judíos de Aragón a inicios del siglo XIV (1310 a 1312). Aportación documental." AF 5 (1979), 219-27.

1460. Mas y Casas, D.T.M. de. Memoria histórica de los Hebreos y de los Árabes en Manresa. Manresa [1837]; new ed 1883.

   Rev: I.Loeb, REJ 5 (1882), 286-8.

1461. Menjot, D. and J.Gonzales Castaño. "Les juifs de Mula au XVe siècle (notes socio-démographiques)." REJ 145 (1986), 21-34.

1462. Millás Vallicrosa, J.M. "Petita llista d'un prestamista jueu." EUC 12 (1927), 65-7.

1463. ———. "Documents hebráics de jueus catalans." Institut d'Estudis Catalans. Memòries. Sec.Hist.Arq. 1 (1929), 61-167. Sep Bar 1927.

1464. ———. "Desinencias adjetivales romances en la onomástica de nuestros judíos." Estudios dedicados a Menéndez Pidal 1 (1950), 125-33. M.

1465. ——— and J.Busquets Mulet. "Albaranes mallorquines en aljamiado hebraicoárabe." Sefarad 4 (1944), 275-86.

1466. Miret y Sans, Jo. and M.Schwab. "Documents sur les Juifs catalans aux XIe, XIIe et XIIIe siècles." REJ 68 (1914), 49-83, 174-97. Esp 188-97.

1467. Modona, L. "Les exilés d'Espagne à Ferrare en 1493." REJ 15 (1887), 117-21.

1468. Moll y Casanovas, F. de B. Els llinatges catalans (Catalunya, País Valencià, Illes Balears): Assaig de divulgació lingüística. PM 1959. Esp 67-9.

1469. Nahon, G. "Inscriptions funéraires hébraïques et juives à Bidache, Labastide-Clairence (Basses-Pyrénées) et Peyrehorade (Laudes)." REJ 127 (1968), 223-52, 347-65; 128 (1969), 349-75; 130 (1971), 195-230.

1470. ———. Les "Nations" juives portugaises du sud-ouest de la France (1684-1791). Documents. P 1981.

1471. Neubauer, A. פירושי הנה ישכיל עבדי. The Fifty-Third Chapter of Isaiah According to the Jewish Interpreters 1-2. O 1876-7.

Rev: M.Steinschneider, HB 18 (1878), 5-9. Esp 7.

1472. Origen genealógico de algunos apellidos existentes en Mallorca e historia de los judíos de España. Origen, genealogía, pruebas de nobleza y blasones de los apellidos: Aguiló, Bonnín, Cortés, Forteza, Fuster, Martí, Miró, Picó, Piña, Pomar, Rey, Segura, Valls y Vives. ¿Tuvieron relación dichos nobles linajes con los hebreos? Valencia 1965.

1473. Quadrado, J.M. "La judería de la capital de Mallorca en 1391." Museo Balear (2.a época) 4 (1887), 281-305. Esp 293-305.

1474. R.y B., J. "Apèndix: metges y cirurgians juheus." EUC 3 (1909), 489-97.

1475. Régné, J. "Catalogue des actes de Jaime Ier, Pedro III et Alfonso III, rois d'Aragon, concernant les Juifs (1213-1291)." REJ 60 (1910), 161-201; 61 (1911), 1-73; 62 (1911), 38-73; 63 (1912), 245-68; 64 (1912), 67-88, 215-35; 65 (1913), 61-88, 196-223; 66 (1913), 252-62; 67 (1914), 53-81, 195-224; 68 (1914), 198-221; 69 (1919), 135-220; 70 (1920), 74-87, 195-208.

1476. ———. "Catalogues d'actes pour servir à l'histoire des Juifs de la Couronne d'Aragon sous le règne de Jaime II (1291-1327)." REJ 73 (1921), 195-209; 75 (1922), 140-78; 76 (1923), 58-93, 183-210; 77 (1923), 177-99; 78 (1924), 102-48.

1477. ———. History of the Jews in Aragon. Regesta and Documents 1213-1327, eds. Y.T.Assis and A.Gruzman. J 1978. Contains an Eng tr of items 1475-6.

1478. Révah, I.S. "Une famille de "nouveaux-chrétiens": les Bocarro Francês." REJ 116 (1957), 73-87.

1479. ———. "Pour l'histoire des Marranes à Anvers: recensements de la "Nation Portugaise" de 1571 à 1666." REJ 122 (1963), 123-47.

1480. ———. "Aux origines de la rupture spinozienne: nouveaux documents sur l'incroyance dans la communauté judéo-portugaise d'Amsterdam à l'époque de l'excommunication de Spinoza." REJ 123 (1965), 359-431.

1481. Roblin, M. "Les noms de famille des Juifs d'origine ibérique." RIO 3 (1951), 65-72.

1482. ———. "L'Histoire juive par les noms de famille: Sefarad, l'âge d'or des communautés espagnoles et portugaises." L'Arche 63 (1962), 47-9, 69, 71; 64 (1962), 42-5, 69.

1483. Rodríguez-Moñino, A. "Les judaïsants à Badajoz de 1493 à 1599." REJ 115 (1956), 73-86.

1484. Romano, D. "Judíos de Granollers (1280, 1282)." Sefarad 43 (1983), 135-8.

1485. Roth, C. "The Name Spinoza." CS 3 (1923), 348.

1486. ———. "Les Marranes à Rouen. Un chapitre ignoré de

l'histoire des Juifs de France." REJ 88 (1929), 113-37.

1487. ———. "Les Marranes à Venise." REJ 89 (1930), 201-23.

1488. ———. "Notes sur les Marranes de Livourne." REJ 91 (1931), 1-27.

1489. Salomonski, E. "Raquel e Vidas." VR 15 (1956), 215-30.

1490. Sanz Artibucilla, J.M. "Los judíos en Aragón y Navarra. Nuevos datos biográficos relativos a Šem Tob ben Ishaq Šaprut." Sefarad 5 (1945), 337-66.

1491. Schwarz, S. Inscrições hebraicas em Portugal. Li 1923. Orig in Arqueologia e historia.

1492. ———. "The Crypto-Jews of Portugal." Menorah 12 (1926), 138-49, 283-97.

1493. Schwarzfuchs, S., ed. Le Registre des délibérations de la Nation Juive Portugaise de Bordeaux (1711-1787). P 1981.

Rev: R.S.Kohn, REJ 145 (1986), 418-20.

1494. Steinschneider, M. "Ein Erdbeben zu Girona im J. 1427, nach einer hebräischen Quelle." HB 13 (1873), 85-6.

1495. ———. "Poeten und Polemiker in Nordspanien um 1400." HB 14 (1874), 95-9.

1496. ———. "Literarische Beilagen." HB 16 (1876), 86-8.

1497. ———. "Namenkunde." HB 19 (1879), 114-5.

1498. ———. "La bibliographie de Léon Mosconi II." REJ 40 (1900), 62-73, 169-87. Repr in BSAL 10 (1903-4).

1499. Támaro, E. "Los Judíos en Manresa." In item 1447. 1894, 154-9.

1500. Velozo, F.J. "Alguns nomes de Judeus portugueses dos séculos XIII a XV." RP 34 (1969), 126-40.

1501. Waingort-Novinsky, A. Inquisição 1. Inventários de

bens confiscados a cristãos novos: fontes para a história de Portugal e do Brasil (Brasil--Século XVIII). [Li 1977?].

1502. Waryński, T., I.Myślicki and K.Gebhardt: "Le nom de Spinoza." CS 2 (1922), 251-4.

1503. Wiznitzer, A. "The Members of the Brazilian Jewish Community (1648-1653)." AJHSP 42 (1952), 387-95.

1504. Zunz, L. "Ueber die in den hebräisch-jüdischen Schriften vorkommenden hispanischen Ortnamen." ZWJ 1 (1823), 114-76.

See also items 454-5, 938, 988, 1153, 1187, 1193-4, 1206, 1209, 1214, 1220(:131-44), 1309, 1311-2, 1325, 1335, 1339-44, 1353-4, 1371, 1374, 1386 and sections C 1, 4-5.

E. ETYMOLOGICAL COMPONENTS

1. NATIVE AND ARABISMS

1505. Blondheim, D.S. "Lexicographical Notes." Oriental Studies Dedicated to Paul Haupt, eds. C.Adler and A. Ember, 358-63. Ba-Lpz 1926.

1506. Girbal, E.C. "Un testamento hebreo de la edad media." Rivista de Gerona 6 (March 1881), 104.

1507. Granja, F. de la. "Nota sobre la "maflêta" de los judíos de Fez." AA 25 (1960), 235-8.

1508. Malkiel, Y. "En torno a las voces judío y judía." 1930-1955. Homenaje a J.A.Van Praag, 73-80. A 1956.

1509. ———. "From Falling to Rising Diphthongs: the Case of Old Spanish ió < *éu (with Excursuses on the Weak Preterite, on the Possessives, and on judío, sandío and romero)." RPh 29 (1976), 435-500.

1510. Spitzer, L. "Span. mi oislo "meine Frau"." RF 61 (1948), 21-31.

1511. ———. "Nachtrag zu mí oislo "meine Frau"." RF 66 (1954), 167-8.

1512. ———. "Aragonés antiguo "albedi"." AFA 8-9 (1956-7), 161-2.

1513. וקסלר, פ. "זיהוי יסודות לשוניים יהודיים בשפת דז'ודזמו." פעמים 40-52 (1984), 18.

See also items 21, 31, 34, 642(:60), 819, 1005, 1177, 1181, 1233.

2. HEBREW——JUDEO-ARAMAIC

1514. אלוני, נ. "חמש מאות מלים עבריות בלשון הדיבור במאה העשירית." BM 44 (1971), 85-106.

1515. Bunis, D.M. "The Hebrew and Aramaic Component of Judez-'mo: A Phonological and Morphological Analysis." PhD, Col Univ, NY 1981. See DAb 44/8, 1984, 2461-A.

1516. Cantera Burgos, F. "Etimología de la palabra "malsín"." Anales de la Universidad de Madrid 4 (1935), 202-3.

1517. ———. "La cofradía de "mal visar" de Zaragoza y su censal de oliete." Sefarad 7 (1947), 147-51.

1518. ——— and J.M.Millás Vallicrosa. Las inscripciones hebráicas de España. M 1956.

1519. Coelho, A. Os Ciganos de Portugal com um estudo sobre o calão. Li 1892. Esp 103.

1520. Corré, A.D. "Sephardim." EJ(J) 14 (1971), col 1163-77.

1521. Cuervo, R.J. "Acentuación de las voces hebreas en castellano." TBICC 1 (1945), 205-11. Repr in his Disquisiciones sobre filología castellana, 397-401. Bogotá 1950.

1522. Epstein, I. The "Responsa" of Rabbi Solomon Ben Adreth of Barcelona (1235-1310) as a Source of the History of Spain. Lo 1925.

1523. Garbell, I. "The Pronunciation of Hebrew in Medieval Spain." HMV 1, 647-96. Bar.

1524. Gorosch, M. El fuero de Teruel. St 1950.

1525. Grünberg, C.M. "Hebraísmos y criptohebraísmos en el romance peninsular y americano." Judaica (BA) 51-3 (1937), 136-52.

1526. Hillgarth, J.N. and B.Narkiss. "A List of Hebrew Books (1330) and a Contract to Illuminate Manuscripts (1335) from Majorca." REJ 120 (1961), 297-320.

1527. Kisch, I. "Notities betreffende de Ghetto-uitspraak van het Nederlands." SR 2 (1968), 245-52.

1528. Lévi, I. "L'Inventaire du mobilier et de la bibliothèque d'un médecin juif de Majorque au XIVe siècle." REJ 39 (1899), 242-60. Repr in BSAL 10 (1903-4).

1529. Lopes Cardozo, A. "A Lyrical Excursion into Sephardic Gastronomy." AS 5 (1971), 77-83.

1530. Maler, B. "Duas notulas vicentinas." Ibero-Romanskt 1966 (no pag).

1531. Malkiel, Y. "El núcleo del problema etimológico de pícaro ~ picardía en torno al proceso del préstamo doble." Studia hispanica in honorem R.Lapesa 2, 307-42. M 1974.

1532. Millás Vallicrosa, J.M. "Un antiguo glosario hispano-ebráico con transcripciones pretiberienses." Sefarad 21 (1961), 219-39.

1533. Mordell, P. "The Discovery of a Vowel Point System Based on the Sephardic Pronunciation." JQR n.s. 19 (1928-9), 479-88.

1534. Navascués, J.M. de. "El Rebbi Jacob, hijo del Rebbi Senior." Sefarad 19 (1959), 78.

1535. Roth, C. "A Hebrew Elegy on the Martyrs of Toledo,1391." JQR 39 (1948-9), 123-50. Repr in his GEJHLA 1967, 91-118.

1536. Rubió i Lluch, A. Documents per l'historia de la cultura catalana mig-eval 1-2. Bar 1908-21.

Rev: F.Baer, MGWJ 69 (1925), 54-7.

1537. Sáenz-Badillos Pérez, Á. "Tres gramáticas hebreas españolas de la primera mitad del siglo XVI." MEAH 24 (1975), 13-36.

1538. Salomon, H.P. "Hebrew Pronunciation among Western Sephardim." AS 1 (1967), 20-5.

1539. Schallman, L. Diccionario de hebraismos y voces afines. BA 1952.

Rev: F.Cantera Burgos, Sefarad 16 (1956), 185-6.

1540. Spitzer, L. "Desmazalado." NRFH 1 (1947), 78-9.

1541. Tavares, A.A. "Influência do hebraico na língua portuguesa." Didaskalia 4 (1974), 237-44.

1542. ———. "Palavras hebraicas e hebraísmos na língua portuguesa." Ibid. 6 (1976), 95-121.

1543. ———. "Présences de l'hébreu dans la langue portugaise à la fin du moyen âge." 9th WCJSP D 1986, 1, 45-52.

1544. Tilander, G. "Palabras desconocidas en el aragonés medioeval." HARL 1 (1936), 331-41.

1545. ———. "Documento desconocido de la aljama de Zaragoza del año 1331." SN 12 (1939-40), 1-45.

1546. Van Praag, J.A. "Esp. "iza"." RFE 19 (1932), 415-7.

1547. Vendrell de Millás, F. "Presencia de la communidad judía en las fiestas de la coronación de Fernando de Antequera en Zaragoza." Sefarad 17 (1957), 380-5.

1548. Wieder, N. "'Sanctuary' as Metaphor for Scripture." JJS 8 (1957), 165-75.

See also items 10, 21, 34, 53, 493, 600(:118), 796, 912, 1040, 1047, 1066, 1190, 1204, 1218, 1220(:163-89), 1363, 1397, 1434, 1458, 1498, 1508, 1513.

3. JUDEO-GREEK

1549. Cheskis, J.I. "Ladino meldar and almuñar." RR 9 (1918), 111-2. Repr in JLR 4 (1984), 181-2.

1550. Coromines, J. Diccionari etimològic i complementari de la llengua catalana 1, 389-92. Bar 1980.

1551. Ekblom, R. "El origen de esp. aladma." SN 15 (1942-3), 334-6.

1552. Malkiel, Y. "Antiguo judeo-aragonés aladma, alalma 'excomunión.' Revista de filología hispánica 8 (1946), 136-41.

1553. Martínez Ruiz, J. "Textos judeo-españoles de Alcazarquivir (Marruecos) (1948-1951)." Revista de dialectología y tradiciones populares 19 (1963), 78-115. Esp 87, fn.42.

1554. Piel, J. "Do grego-latino thalamus ao brasileiro tambo." Ibérida 1 (1959), 63-8.

1555. Spitzer, L. "Judeo-esp. meldar." RFE 8 (1921), 288-91.

1556. ———. "Jud.-esp. "meldar" 'lire de l'hébreu'." RFE 14 (1927), 250.

See also items 10, 34, 56(:350), 157, 212, 644, 1217, 1452, 1477, 1513, 1524.

4. ALLEGED ARAGONESE, CATALAN AND PORTUGUESE COMPONENTS IN JUDEZMO

1557. Armistead, S.G., V.A.Chamberlin and J.H.Silverman. "An Early 20th-Century Characterization of Moroccan Judeo-Spanish: Ricardo Ruiz Orsatti (1905)." MedLR 3 (1987), 55-70.

1558. Crews, C.M. Recherches sur le judéo-espagnol dans les pays balkaniques. P 1935. Esp 40, 180, 214-5, 244-5, 257.

1559. Galanté, A. Hommes et choses juifs portugais en Orient. Istanbul 1927.

1560. ליפינר, א. "יהודי פאס במאה השש-עשרה בעיניו של כרוניקאי פורטוגלי בן-דורם." מורשת יהודי ספרד והמזרח. מחקרים, עורך, א. בן-עמי, 13-24. J 1982. Esp 13.

1561. Luria, M.A. A Study of the Monastir Dialect of Judeo-Spanish Based on Oral Material Collected in Monastir, Yugoslavia. NY 1930.

1562. Martínez Ruiz, J. "F-, H-aspirada y h-muda en el judeo-español de Alcazarquivir." Tamuda 5 (1977), 150-61.

1563. ———. "Aragonesismos en el judeo-español de Alcazarquivir (en el año 1951)." MEAH 31 (1982), 119-33.

1564. Molho, I.R. "Recuerdos y reminicençias catalanas y aragonesas de Salónica a traverso la historia." RABLBB 24 (1951-2), 225-32.

1565. Nahon, G. "Les Sephardim, les Marranes, les Inquisitions péninsulaires et leurs archives dans les travaux récents de I.-S.Révah." REJ 132 (1973), 5-48.

1566. Nehama, J. with the ass of J.Cantera Burgos. Dictionnaire du judéo-espagnol. M 1977.

1567. Révah, I.S. "Formation et évolution des parlers judéo-espagnols des Balkans." HJ 3 (1984), 63-82. Esp 80. Orig in Ibérida 6 (1961), 173-96; repr in TJS 7 (1964).

1568. Sala, M. "La organisación de una norma española en el judeo-español." Anuario de letras 5 (1965), 175-82. Esp 176, 181-2.

1569. ———. "L'Elément portugais." In his Le judéo-espagnol, 44-5. Hag-P 1976.

Rev: P.Wexler, ZRPh 95 (1979), 235-40.

1570. Wagner, M.L. Beiträge zur Kenntnis des Judenspanischen von Konstantinopel. Vi 1914. Esp col 149-51.

1571. ———. "Algunas observaciones generales sobre el judeo-español de Oriente." RFE 10 (1923), 225-44. Esp 234, 243-4.

1572. ———. "As influências recíprocas entre o português e o judeo-espanhol de Oriente." RP ser A, 15 (1950), 189-95.

See also items 34, 539(:133), 541, 1155, 1183(:166-7), 1184 (:20), 1219.

5. SLAVIC

1573. Wasserstein, D. "Slavica hispano-hebraica. A Contribution to the Linguistic History of the Iberian Peninsula." Sefarad 43 (1983), 87-98.

6. ITALIAN

See section III G4 above.

See item 512.

7. YIDDISH

See items 512, 1040.

F. NON-JEWISH STEREOTYPES OF JUDEO-PORTUGUESE SPEECH

1574. Artola, T. and W.Eichengreen. "A Judeo-Portuguese Passage in the "Farsa de Inês Periera"." MLN 63 (1948), 342-6.

1575. Moffatt, L.G. "Considerations on the Interchange of -ou-, -oi- in Portuguese." Mediaeval Studies in Honor of Jeremiah Denis Matthias Ford, eds. U.T. Holmes, Jr. and A.J.Denomy, C.S.B., 161-71. C, Mass 1948.

1576. Nunes, J.J. Compêndio de gramática histórica portuguesa. Li 1930, 2nd ed. Esp 77-8.

1577. Révah, I.S. "Quelques mots du lexique de Gil Vicente." Revista brasileira de filologia 2 (1956), 143-54.

1578. Teyssier, P. La langue de Gil Vicente. P 1959. Esp chapter 4.

Rev: H.Kröll, RJ 11 (1960), 418-22.
P.Pohl, RF 73 (1961), 441-5.

J.G.Herculano de Carvalho, RP 17 (1964), 809-13.

See also item 1329(:316-7).

G. MARRANO PORTUGUESE CONTACTS WITH OTHER LANGUAGES

1. CONTACTS WITH NON-JEWISH EUROPEAN LANGUAGES

1579. Cirot, G. "Recherches sur les Juifs espagnols et portugais à Bordeaux." BH 8 (1906), 172-89, 279-96, 383-91; 9 (1907), 41-66, 263-76, 386-400; 10 (1908), 68-86, 157-92, 259-85, 353-67; 24 (1922), 41-66, 203-24, 319-23. Also sep Bordeaux 1922.

Rev: M.Liber, REJ 62 (1911), 299-303.

1580. ―――. "Notes sur les "Juifs portugais" de Bordeaux." Miscelânea de estudos em honra de D.Carolina Michaëlis de Vasconcellos, 158-72. Coi 1933.

1581. Davids, W. "Bijdrage tot de studie van het Spaansch en Portugeesch in Nederland naar aanleiding van de overblijfselen dier talen in de taal der Portugeesch Israëlieten te Amsterdam." Zesde nederlandsche Philologencongres, 141-54. Ldn 1910.

1582. Leite de Vasconcellos, J. Esquisse de dialectologie portugaise. P 1901. Esp 18-20, 161-2, 195-6. 2nd rvs ed Li 1970.

1583. ―――. De Campolide a Melrose. Li 1915. Esp 71-7.

1584. Léon, H. "Les juifs espagnols de Saint-Esprit. Chansons et prières." BH 9 (1907), 277-85.

1585. Salomon, H.P. "Sephardic Terminology." AS 5 (1971), 63-4; 6 (1973), 93-5.

1586. Schwab, M. "Inscriptions hébraïques en Bretagne." REJ 43 (1901), 117-22.

1587. Sola Pool, D. de. "The Use of Portuguese and Spanish in the Historic Shearith Israel Congregation in New York." SHMJB 1965, 359-62.

1588. Van Ginneken, J. Handboek der nederlandische taal 2. Nijmegen 1914. Esp 59ff.

1589. Van Praag, J.A. "Restos de los idiomas hispanolusitanos entre los sefardíes de Amsterdam." BRAE 18 (1931), 177-201.

1590. ———. Gespleten zielen. Groningen 1948.

1591. Wagner, M.L. "Os Judeus hispano-portugueses e a sua língua na Oriente, na Holanda e na Alemanha." Arquivo de história e bibliografia 1 (1924), 3-18. Sep Li 1924.

See also items 10, 575-6, 1111, 1176, 1179, 1183, 1360, 1362, 1383, 1387, 1453.

2. CONTACTS WITH NON-IBERIAN JEWISH LANGUAGES

1592. Beem, H. Resten van een taal. As 1967. Esp 134, 137.

1593. Cohen, D. Le parler arabe des juifs de Tunis 1. Hag-P 1964.

1594. Cohen, M. Le parler arabe des juifs d'Alger. P 1912.

See also items 289-90, 509, 575-6, 1111, 1183, 1360(7:1909:164).

3. CONTACTS WITH SOUTH AMERICAN CREOLES

1595. Alleyne, M.C. "Acculturation and the Cultural Matrix of Creolization." PCL 1971, 169-86. Esp 184.

1596. Cassidy, F.G. "Tracing the Pidgin Element in Jamaican

Creole." PCL 1971, 203-21. Esp 207.

1597. Dentz, F.O. De kolonisatie van de Portugeesch-Joodsche natie in Suriname en de geschiedenis van de Joden Savanne. A 1927.

1598. Goodman, M. "The Portuguese Element in the American Creoles." PCJER 1987, 361-405.

1599. Granda, G. de. "Acerca de los portuguesismos en el español de América." TBICC 23 (1968), 344-58. Esp 355-7.

1600. Herskovits, M.J. "On the Provenience of the Portuguese in Saramacca Tongo." De West-Indische Gids 12 (1931), 545-57.

1601. Holm, J. "Creole Influence on Popular Brazilian Portuguese." PCJER 1987, 406-29. Esp 412.

1602. Karner, F.P. The Sephardics of Curaçao. Assen 1969. Esp 25.

1603. Le Page, R.B. An Historical Introduction to Jamaican Creole. Lo 1960. Esp 5-7.

1604. ———. "Processes of Pidginization and Creolisation." Pidgin and Creole Linguistics, ed. A.Valdman, 222-55. Bloomington-Lo 1977. Esp 251.

1605. Loewe, H. Die Sprachen der Juden. Köln 1911. Esp 122-3.

1606. Mieses, M. Die jiddische Sprache. B-Vi 1924. Esp 265-6.

1607. Munteanu, D. "Studiul actual al cercetărilor privind originea idiomului papiamentu." Neophilologus 25 (1974), 529-35. Esp 532-3.

1608. Navarro Tomás, T. "Observaciones sobre el Papiamento." NRFH 7 (1953), 183-9.

1609. Rens, L.L.E. The Historical and Social Background of Surinam Negro-English. A 1953.

1610. Silva Neto, S. da. "Uma relíquia da língua portuguesa." Miscelânea de estudos em honra de Manuel Said Ali, 103-36. Rio 1938.

1611. ———. "O dialecto crioulo de Surinam." Cultura (Rio) 2 (1949), 57-70.

1612. ———. "O crioulo de Surinam." In his Língua, cultura e civilização. Estudos de filologia portuguesa, chapter 8. Rio 1960.

1613. Voorhoeve, J. "Historical and Linguistic Evidence in Favour of the Relexification Theory in the Formation of Creoles." LS 2 (1973), 133-45. Esp 140-2.

1614. Wood, R.E. "Linguistic Problems in the Netherlands Antilles." La monda lingvo-problemo 1 (1969), 77-86. Esp 77-8, 84.

1615. ———. "New Light on the Origins of Papiamentu: an Eighteenth-Century Letter." Neophilologus 56 (1972), 18-30.

1616. ———. "Notes on Jewish Aspects of Papiamentu." JLR 3 (1983), 15-7. With comments by D.L.Gold, 17-8.

See also item 1372.

4. USE OF PORTUGUESE CREOLE BY JEWS

1617. Schuchardt, H. "Beiträge zur Kenntnis des kreolischen Romanisch." ZRPh 13 (1889), 463-524. Esp 480.

See also items 6(:113, fn.22), 1172.

5. CONTACTS WITH THE MEDITERRANEAN LINGUA FRANCA

1618. Collier, B. "On the Origins of the Lingua Franca." Journal of Creole Linguistics 1 (1977), 281-98. Esp 285.

H. TERMS FOR JEWISH REALIA USED IN IBERO-ROMANCE LANGUAGES (ESPECIALLY INQUISITORIAL TERMINOLOGY)

1619. Alfredo Alves, A. "Notas sobre a linguagem de Aldeia de Santa Margarida (Beira Baixa)." RL 2 (1891), 241-52.

1620. Alves Pereira, F. "Glossario dos Arcos de Valdevez." RL 26 (1927), 281-97.

1621. Braamcamp Freire, A. "O Livro das tenças del Rei." AHP 2 (1904), 201-27.

1622. C[astro], A. "Vino judiego." RFE 7 (1920), 383-4.

1623. Farinelli, A. Marrano. Storia di un vituperio. G 1925.

1624. Giese, W. "Port. garvaia." AIL 5 (1952), 289-93.

1625. Gomes Fradinho, M. "Maneiras de dizer alentejanas." RL 31 (1933), 99-137.

1626. Gonzalo Maeso, D. "Sobre la etimología de la voz marrano (criptojudío)." Sefarad 15 (1955), 373-85.

1627. Kahane, H. and R. "Christian and Un-Christian Etymologies." HTR 57 (1964), 23-38. Esp 28-33.

1628. Leite de Vasconcellos, J. "Observações ao "Elucidario" do P.e Santa Rosa de Viterbo." RL 27 (1929), 243-76.

1629. Lipiner, E. Santa Inquisição: terror e linguagem. Rio 1977.

1630. Lopes, D. "Toponímia árabe de Portugal." RL 24 (1922), 257-71.

1631. Malkiel, Y. "Hispano-Arabic marrano and its Hispano-Latin Homophone." JAOS 68 (1948), 175-84.

Rev: B.Pottier, Romania 72 (1951), 280.

1632. Moffitt, E.J. "A Glossary of the Spanish Inquisition." PhD, Univ of Illinois, Urbana 1966. DAb 27/7, Jan. 1967, 2141-A.

1633. Paulo, A. "Os tributos das comunas judáicas medievais portuguesas. Importante fonte de recurso do erario regio." MEAH 16-7 (1967-8), 107-14.

1634. Ribeiro, E. "Palavras de Arquipélago da Madeira." RL

23 (1920), 131-7.

1635. Romano, D. "Aljama frente a judería, call y sus sinónimos." Sefarad 39 (1979), 347-54.

1636. Shephard, S. Lost Lexicon. Secret Meanings in the Vocabulary of Spanish Literature during the Inquisition. Miami 1982.

 Rev: G.Nahon, REJ 142 (1983), 202-3.

1637. Silveira, J. da. "Toponímia portuguesa." RL 35 (1937), 50-139. Esp 93, fn.1, 139.

1638. T[orres] B[albás], L. "Mozarabías y juderías de las ciudades hispanomusulmanes." AA 19 (1954), 172-97.

See also items 34, 155-6, 479, 1172, 1182, 1205, 1217.

I. HEBREW SCRIPTS

See item 38.

VI.
JUDEO-RHAETO-ROMANCE

A. POSSIBLE COMPONENTS IN YIDDISH

See items 34(chapter 2), 579R.

INDEX OF AUTHORS AND ANONYMOUS ARTICLES

Abraham, M. 672
Abraham, R.D. 1345, 1364R
Abrahams, I. 1114-5
Academia das Sciências 1154
Adams, K. 1346
Adler, E.N. 1418
Adler, H. 1116
Adler, M. 1117-8
Aguiló, E. 1419
Agus, I.A. 272, 648
Ahrend, M. [M.M.] 673, 707R
Aldeano, A. [N.Villani] 544
Alfredo Alves, A. 1619
Alleyne, M.C. 1595
Alonso, D. 1173
Alteras, I. 943
Alturo i Perucho, J. 1420
Alvar, M. 1184
Alves Pereira, F. 1620
Aly Belfàdel, A. 545
Amado, P. 813-4
Amar, P. 944
Amigo Espada, L. 1237-8
Amzalak, M.B. 1347-52
Anchel, R. 862
Aptowitzer, V. 674-5
Armistead, S.G. 1557
Aron, A.J. 676
Aronius, J. 140
Artola, T. 1574
Artom, E.S. 302, 485-7
Ascoli, G.I. 67, 304, 546-7
Asher, A. 815
Assis, Y.-T. 1153
Astrologo, E. 622
Astruc, M. 816

"Aus fremden Kreisen" 7
Avicenna 229
Avneri, Z. 863

Bab, A. 1353-4
Bab, W. 645R
Babinger, F. 1036
Baccetti-Poli, R. 548
Bacher, W. 68, 141, 649, 746R, 1039R, 1130R
Bachi, R. 273, 611
Baer, F. 1421-2, 1536R
Baião, A. 1298
Balaguer y Merino, A. 1423
Baldinger, K. 633R, 996
Banitt, M. [Berenblut] 44-5, 274, 633, 641R, 645R, 650-3, 677-84, 997-8
Bar-Asher, M. 488-9
Bar-Lewaw, I. 1239
Barbier, P. 642R
Bardinet, L. 817
Barduzzi, C.E. 416
Bargès, J.J.L. 305
Barnett, F.J. 645R
Barnett, L.D. 1140R, 1355
Baron, S.W. 306, 417
Barr, J. 162-3
Barros Basto, A.C. de 1299-1308
Barthélemy, L. 945
Baruch, K. 539
Basadre, J. 1309
Bastiaensen, M. 1037
Battistessa, A.J. 1191
Battle Gallart, C. 1424
Bauer, J. 946

Beccani, A. 571-2
Bechtel, F. 197
Beckingham, C.F. 414
Beckmann, G.A. 645R, 685
Bedarida, G. [E.Ben David] 247, 508-9, 604-7
Bédarride, I. 1085
Beem, H. 1592
Bees, N.A. 114
Belleli, L. 198, 586
Ben David, E. See G.Bedarida
Ben Jeudi 418
Benabu, I. 8
Benè Kedem 601
Bénichou, P. 654
Benoliel, P. 1174
Beranek, F.J. 518, 1087
Berenblut, M. See M.Banitt
Berger, S. 1039, 1240-1
Berliner, A. 69, 419, 686-90
Berneri, G. 549-50
Bernheimer, C. 309, 420-2, 691
Bernini, G.L. 551
Besso, H.V. 1356
Best, O.F. 512, 1040
Bet Hatfutsot 1310
Biblia latina 692
Biondelli, B. 552
Birnbaum, E. 1119
Birnbaum, H. 164-5
Birnbaum, S.A. 36-40
Blanc, A. 166, 947
Blau, L. 9, 142, 147R, 310, 475R
Bloch, O. 10R, 642R
Blondheim, D.S. 10, 47R, 230, 276R-7R, 279R-80R, 311-2, 322R-3R, 479, 634-5, 693-7, 714-5, 819, 1185R, 1226-7, 1294R, 1505
Blumenkranz, B. 46, 70, 199-200, 636-8, 645R, 864-6, 882R, 944, 948
Boaziz-Aboulker, M. 1406R
Böhm, G. 1311
Boehmer, E. 698-9
Bofarull y Sans, F. de 1425
Bognetti, G.P. 71

Bonard, J. 1120
Bonfante, G. 143, 553-4
Bosch Vilá, J. 1184, 1186
Bourciez, E. 642R
Boyer, R. 820
Braamcamp Freire, A. 1426-7, 1621
Branciforti, F. 1242-3
Brandin, L. 676R, 700-1, 715R, 746, 750R, 788R
Braunstein, B. 1312
Bréal, M. 949
Bresc, H. 424
Brilling, B. 70R
Brisch, C. 1089
Brockelmann, C. 139R
Brønno, E. 167-70
Brown, M.J.S. 1244
Brugmans, H. 1357
Brun, G. 821
Brunel, C. 750R
Brunschvicg, L. 867
Bruppacher, H.P. 171
Bruzzone, P.L. 425
Bulić, Fr. 72
Bunis, D.M. 1155, 1515
Burguy, G.F. 999
Burstein, E. 633R
Busquet, R. 951
Busquets Mulet, J. 1465

Cabezudo Astrain, J. [Astrán] 1187, 1428-9
Cagigas, I. de las 1188
Calman, M. 662
Camerini, D. 316, 587-8
Cammeo, G. 589
Camproux, C. 645R
Canéto, F. 73
Cantera Burgos, F. 509R, 756, 1066R, 1189-90, 1249R, 1430-1, 1516-8, 1539R, 1566
Caro, J. 703
Carracedo, L. 1159R
Cassandro, M. 426
Cassidy, F.G. 1596
Cassuto, A. 1156-8, **1358-9**

INDEX OF AUTHORS

Cassuto, I. 1374
Cassuto, J. 1360-2
Cassuto, U. [M.D.] 11, 47-8, 63, 75-9, 248-51, 276-82, 309R, 315R, 317-24, 388R, 427-8, 490, 519-20
Cassuto(-Salzmann), M. 58, 74
Castelli, D. 325
Castro, A. 1191, 1622
Catalan, D. 1175
Catane, M. [P.Klein] 704-7, 868-70, 913R
Cerquand, J.-F. 663
Chabaneau, C. 664
Chajes, H.P. 326-8, 339R
Chalon, M. 80
Chamberlin, V.A. 1557
Chazelas, G. 944
Cherubini, F. 514
Cheskis, J.I. 1549
Chomsky, W. 1041-2
Cirot, G. 1579-80
Coelho, A. 1519
Cohen, B. 491, 1043
Cohen, D. 1593
Cohen, M. 1594
Cohen, N.G. 81-2
Cohen, S. 1122
Cohn, W. 108R
Cohn-Burgkundstadt, J. 824R
Colafemmina, C. 59, 83
"Collectaneen..." 213
Collier, B. 1618
Collins, G.W. 1123
Colombo, D. 84
Colorni, V. 201, 283, 429-34
Combet, L. 1404R
Condurachi, E. 85
Coromines, J. 1550
Corré, A.D. 1363-6, 1520
Cortelazzo, M. 518R, 538R
Cortina, C.A. 555
Costa Fontes, M. da 1313
Cougnet e Righini 556
Crémieux, A. 952-3
Crémieux, S. and M. 822
Crews, C.M. 540, 644R, 1558

Cuervo, R.J. 1521
Cunha e Freitas, E. de A. da 1314-5
Cuno, K. 577-8
Cuomo, L. 65, 252, 329-36

Da Modena, L. 337-8
Dahan, G. 214-5, 871, 1044
Damon, P. 216
Darmesteter, A. 67R, 699R, 708-15, 1120R
Dauzat, A. 872
Davids, W. 1581
Davidson, I. 339
Davis, M. 1124-6
De Benedetti, Sal. 340
De Benedetti (Stow), S. [Debenedetti] 253, 492, 557
De Pomis, D. 231
Debenedetti, San. 341
Decourcelle, J. 954
Del Monte, Carlo 623
Del Monte, Crescenzo 342-5
Delisle, L. 873
Delitzsch, F. 716-7, 874
Della Seta, F. 558
Della Torre, L. 284, 346, 436
Delling, G. 86
Dentz, F.O. 1597
Di Rimini, J. 347
Díaz Esteban, F. 1192-4, 1432
"Die alten jüdischen Katakombeninschriften..." 87
Diena, P. 603, 612
Doniach, N.S. 823
Dordick, M.E. 1316
Drouard, A. 955
Dubler, C.E. 1433
DuBruck, E.E. 1045
Duclou, L. 349
Dukas, J. 992
Dulac, J. 88
Durán (i) Sanpere, A. [Ag.] 1195, 1434

Ehrman, A. 493
Eichengreen, W. 1574
Einstein, R. 718

Eisenbeth, M. 1435
Eisler, R. 1046
Ekblom, R. 1551
Elbogen, I. [J.M.] 10R, 350, 719
Elenco dei cognomi ebraici 437
Els "Libri Judeorum"... 1436
Emery, R.W. 956
Emmanuel, I.S. 1437-40
Emmanuel, S.A. 1440
Englander, H. 1048
Eppenstein, S. 688R, 720-5, 1049
Epstein, A. 726, 875, 882R
Epstein, I. 1522
Equipe de Recherche 209, 351

Faber, A. 1050-2, 1090
Falchi, L. 438
Farinelli, A. 1623
Feldman, D.M. 644R
Fernández Guerra, A. 1053
Fernández Marcos, N. 1381R
Ferro Tavares, M.J.P. 1441
Ferrua, A. 89-90
Finkelstein, L. 352
Fiorentino, G. 144, 353
Fischel, W.J. 1317
Fishlock, A.D.H. 1367
Fita, F. 1053, 1324
Fleg, E. 727
Flores, E. 91
Foà, C. 613
Foà, S. 439, 598
Fohlen, J. 876
Fornaciari, P.E. 480
Fortis, U. 254, 293R, 494
Fougères, G. 92
Frank, A. 1357
Freedman, A. 354-5
Freimann, A. 440, 1442
Frey, J.-B. 60, 93
Friedländer, J. 590
Frizzi, A. 559
Fronzaroli, P. 345R, 509R
Fürst, J. 824
Fuks, L. 12, 159, 1368
Fuks-Mansfeld, R.G. 12, 1368

I.G. 243R, 560R, 852R, 933R
Galanté, A. 1559
Galdós, R.S.J. 1245-6
Gama Barros, H. da 1443
Gamillscheg, E. 515R, 516, 642R, 728R, 1001R
Gandz, S. 756R
Ganz, P.F. 1091
Garbell, I. 1523
Garbini, G. 232, 414R
García Gómez, E. 1196
Garrucci, R. 94
Gaspari, F. 957
Gaster, M. 1369-70
Gebhardt, K. 1371, 1502
Genot, J. 406R
Gerson, M.A. 877-8
Giacomelli, R. 343R, 481, 521-3, 601R
Gier, A. 1220R
Giese, W. 1249R, 1624
Ginsburger, E. 958, 1444
Ginsburger, M. 729, 879
Girbal, E.C. 1506
Glaser, E. 1318-20
Gli Ebrei in Italia... 441
Goitein, S.D. 202, 424
Gokkes, B. 642R, 714R
Golb, N. 203, 730, 880-1
Gold, D.L. 66, 145, 285, 513, 579R, 1090R, 1616
Goldberg, D.B. 305
Goldstein, B.R. 959
Gollan, S.S. 442
Gollancz, H. 825
Gomes Fradinho, M. 1625
Gonzales-Castaño, J. 1459
González Llubera, Ig. 1228, 1249R, 1260R
Gonzalo Maeso, D. 1626
Goodenough, E.R. 95-6
Goodman, M. 1598
Gorosch, M. 1524
Gottheil, R.J.H. 1445
Gougenheim, G. 641R, 645R
Gräber, E. 758
Graetz, H. 1324
Granda, G. de 1372, 1440R, 1599

INDEX OF AUTHORS

Granja, F. de la 1507
Griera, A. 1197
Gross, H. 731-2, 882, 1079
Grünberg, C.M. 1525
Grünwald, M. 13, 733, 1054
Grunwald, M. 14, 233, 1093, 1373, 1421R
Guarducci, G. 608
Güdemann, M. 234, 443-4
Guerri, D. 317R
Gui, B. 1055
Guiter, H. 21R
Gundel, W. 750R
Gutkind, C.S. 524
Guttel, H. 15, 665, 1216R
Gutwirth, E. 1198, 1237R-8R
Gygès 883-4

Haes, F. 1127
Hagège, C. 1404R
Ha-Lapíd 1321
Hall, R.A. Jr. 644R
Hamet, I. 1446
Hauptmann, O.H. 1000, 1247-50
Havet, J. 885
Haymann, L. 734
Helen, T. 97
Heller, B. 642R, 714R-5R, 735, 756R, 1075
Henriquez Pimental, M. 1374
Herculano de Carvalho, J.G. 1578R
Herskovits, M.J. 1600
Herzog, D. 446
Herzog, E. 676R, 770R
Herzog, M.I. 1094
Heskuni, M. 1056
Hijmans-Tromp, I. 358
Hildenfinger, P. 639, 961
Hildesheimer, J. 447
Hilka, A. 750R
Hillgarth, J.N. 1526
Hilty, G. 633R, 1229-30
Hinojosa Montalvo, J. 1199
Hirsch, S.A. 1128, 1140
Hirschfeld, H. 172
Hirschler, R. 826
Hirzel, R. 98

Hoeniger, R. 1108
Holm, J. 1601
Holmes, U.T. 642R, 750R
Holtus, G. 293R
Horowitz, E. 359
Huetter, G. 624
Hutson, A.E. 217

I cognomi delle famiglie ebree in Italia 448
Iancu-Agou, D. 886, 912R, 962-3
Idelsohn, A.Z. 498
Ink, A. 827
Isserlin, B.S.J. 99

Jacobs, J. 640, 1129-30, 1447
Jacquart, D. 887
Jard, D. 1375
Jastrow, M. 146
Jenkinson, H. 1131
Jochnowitz, G. 16-7, 287-90, 355R, 591, 614, 666, 828
Joffe, J.A. 525, 526(R)
Jütte, R. 1095
Juster, J. 100

Kaganoff, B.C. 18
Kahane, H. and R. 1057, 1171R, 1627
Kahle, P. 1249R
Kahn, S. 667, 888, 964-6
Kahn, Z. 736
Karner, F.P. 1602
Katz, D. 1058
Katz, S. 101
Katzenellenbogen, L. 737
Kaufmann, D. 102-3, 149R, 449-51, 738, 967, 1132-3, 1448
Kayserling, M. 1159-60, 1200-2, 1447R, 1449-50
King, R.D. 1090
Kisch, I. 1527
Klein, J. 739
Klein, P. See M.Catane
Klibansky, E. 218
Klijnsmit, A.J. 1376
Kober, A. 1096-7

Koen, E.M. 1377
Koenigsberger, B. 740-1
Kohn, R. [R.S.] 889, 1493R
Kohut, A. 362
Kopciowski, E. 499
Kopf, L. 742-3
Kraabel, A.T. 104
Kracauer, I. 580
Krauss, S. 41-2, 147-8, 372R
Kröll, H. 1578R
Künstle, K. 149
Kukenheim, L. 641, 645R
Kupfer, F. 744
Kutscher, E.Y. 173, 1060

La betulia liberata... See L. Duclou
Lacave, J.L. 1203-4
Lagumina, B. and G. 452
Lambert, M. 745-6
Lamotte, S. 1322
Lamouche, L. 541
Landgraf, A.M. 219
Landsberg, M. 890
Lange, N. de 363
Laredo, A.I. 1451
Laski, N. 1378
Lattes, A. 341R, 388R
Lattes, G. 592
Lattes, M. 255
Lausberg, H. 1260R
Lazar, M. 49-50, 831-2, 1251-3
Lazard, L. 891
Lazzeri, G. 364
Le Page, R.B. 1603-4
"Le parlate giudeo-italiane" 291
Lecoy, F. 633R, 644R, 678R, 1001, 1045
Leite de Vasconcellos, J. 1323-4, 1582-3, 1628
Lenormant, F. 51
Léon, H. 968, 1584
Leon, H.J. 60R, 61, 105-7, 204
Lepschy, G.C. 355R
Leroux, A. 949
Leroy, B. 1436R, 1452
Leselbaum, C. 1404R

Leveen, J. 748
Levi, A. 615-7
Lévi, A. 1453
Levi, E. 602
Lévi, I. 131R, 746R, 749, 882R, 892, 960R, 969-71, 1528
Levi, L. 365
Levin, L.M. 750R
Lévy, É. 893, 949
Lévy, E.(H.) 10R, 236, 714R, 1100
Levy, J.R. 1161
Levy, L. 788R
Lévy, M. 638
Lévy, P. 894
Levy, R. 19, 52, 482, 641R, 642-5, 655-7, 750-6, 1002-22, 1078, 1249R, 1254, 1291R
Lewicki, T. 64, 744
Lewin, L. 453
Lewinsky, A. 366-7
Lewis, H.S. 368
Lewysohn, L. 20
Liber, M. 10R, 658, 676R, 713R, 732R, 757, 777R, 1032R, 1077, 1579R
Liber vagatorum 1061
Libertini, G. 108
Lifschitz-Golden, M. 1083
Lifshitz, B. 62
Link, P. 1325
Lipiner, E. 1560, 1629
Lipschutz, M. 972
Lipton, W.S. 1255
Littger, K.W. 35R
Llabras y Quintana, G. 1256
Llamás, J. 1257-63
Llorca, B. 1205
Loeb, I. 109, 268R, 443R-4R, 506R, 760R, 833, 885R, 895-900, 922R, 945R, 973-4, 983R, 992R, 1054R, 1062-3, 1116R, 1125R, 1326, 1454-6, 1460R
Löw, I. 369-70, 371R, 372-8, 714R, 758
Loewe, H. 10R, 1115, 1605
Loewe, R. 174, 1135-6

INDEX OF AUTHORS

Löwenfeld, S. 901
Löwenstein, L. 454
Loewenthal, A. 759
Lombroso, C. 561
Longpérier, A. de 902
Lopes, D. 1630
Lopes Cardozo, A. 1529
Lopez, M. 1264
Lopez, P. 1265
López Álvarez, A.M. 1457
Lowe, H. 1101
Luce, S. 903
Lunel, A. 527, 668-9, 834-9
Lunel, J. 816
Lur'e, S. 110
Luria, M.A. 1561
Luzzatto, A. 256
Luzzatto, G. 593
Luzzatto, G.L. 610R
Luzzatto, L. 500
Luzzatto, P. 904
Luzzatto, S.D. 760

Maarsen, J. 761-3
Magdalena Nom de Déu, J.R. 1206, 1215, 1458-9
Maier, J. 406R
Malausenna, P.-L. 975-6
Maler, B. 1379-81, 1530
Malkiel, Y. 21, 53-5, 1207-8, 1231-3, 1508-9, 1531, 1552, 1631
Mann, J. 501
Markreich, M. 455
Marmorstein, A. 111, 905, 1137
Martínez Ruiz, J. 1553, 1562-3
Marx, A. 750R
Mas y Casas, D.T.M. de 1460
Massariello Merzagora, G. [Merzagora Massariello] 293-4, 610, 618
Mathews, H.J. 764
Maulde de R. 840
Maulde la Clavière. See Maulde de R.
Medici, P. 502
Mehlmann, J. 150
Meijer, J. 1176

Meiss, H. 906
Menarini, A. 510-1
Mendel, P. 907-8
Mendes dos Remédios, J. 1327-9, 1382-4
Menjot, D. 1461
Merchavia, Ch. 220-1, 1064
Mermier, G. 645R
Merzagora Massariello, G. See Massariello Merzagora
Mettmann, W. 645R
Meyer, P. 841-3
Meyer-Lübke, W. 733R, 746R
Mieses, M. 22, 175, 503, 1606
Migliorini, B. 21R, 562-3
Milano, A. 257-60, 456, 504
Millares Carlo, A. 1191
Millás Vallicrosa, J.M. 750R, 1197R, 1209-13, 1462-5, 1518, 1532
Miret y Sans, Jo. 1466
Mischcon, A. 160
Modena Mayer, M. 23, 382, 609-10
Modona, L. 295, 383-8, 1467
Moffatt, L.G. 1575
Moffitt, E.J. 1632
Moldavi, M. 256
Molho, I.R. 1564
Molina, J. 977
Moll y Casanovas, F. de B. 1468
Momigliano, A. 205
Monteverdi, A. 47R
Morag, S. 505, 1065
Moralejo Laso, A. 1066
Mordell, P. 1533
Morel-Fatio, A. 1214
Morreale, M. 56R, 573-4, 644R, 1162, 1243R, 1266-79, 1385, 1404R
Mortara, M. 452R
Mueller, J. 765
Müller, N. 112-4
Münz, J.B. 112R
Munteanu, D. 1607
Mutinelli, F. 564
Myślicki, I. 1502

Nadel, B. 115-6
Nahon, G. 12R, 61R, 909-13, 1381R, 1386, 1405R, 1469-70, 1565, 1636R
Narkiss, B. 1526
Navarro Tomás, T. 1608
Navascués, J.M. de 1534
Nehama, J. 1566
Neiman, D. 43
Nemoy, L. 389
Neubauer, A. 261-3, 390R, 646, 765R, 767-8, 843, 882R, 914-6, 1103(R), 1138-9, 1471
Neuvonen, E.K. 1177
Nöldeke, T. 176
Nolan, E. 1140
Nordmann, A. 917-8
Nordström, C.-O. 1280
Novinsky, A. See Waingort-Novinsky
Nunes, J.J. 1576
Nutt, J.W. 769

Obadia, G. 1281
Oesterreicher, J. 770
Olmo Lete, G. del 1215
Omont, H. 771
Origen genealógico... 1472
Oroz, R. 1282

Paiva Boléo, M. da 1387
Pansier, P. 844-6, 978-9
Papageorgios, Sp. 597
Paris, G. 699R
Pascual Recuero, P. 1283
Pasquali, P.S. 517
Paulo, A. 1330-1, 1633
Pavoncello, N. 457
Paz y Mélia, A. 1284-5
Peckham, L.P.G. 644R
Pedro d'Alcantara 847
Pelce, M. 1286
Pellegrini, G.B. 355R
Pellen, R. 1404R
Perani, M. 458
Percas, H. 1249R
Pérez Castro, F. 1005R
Peri, H. [Pflaum] 47R, 206, 642R, 756R, 774-6, 919, 1083R
Perla, K.A. 772
Perlès, F. 114R, 161
Perles, J. 390, 773, 1104
Perreau, P. 391
Peruzzi, E. 510R
Pfeiffer, R.H. 177
Pflaum, H. See H.Peri
Piel, J. 1554
Pieterse, W.Chr. 1377, 1388-9
Pisa, F. 459
Pisani, V. 293R, 355R
Plaut, W.G. 228
Plessner, M. 750R
Plomteux, H. 645R
Poerck, G. de 1023-4
Pohl, P. 1578R
Polacco, B. 631
Polak, J.-E. 1111
Politzer, R.L. 644R
Poma, C. 506
Porgès, N. 310R, 350R, 392, 777-8, 1103R
Portaleone, A.b.D. 237
Posnanski, A. 178
Pottier, B. 1631R
Poznański, S. 460, 746R, 779-83, 809R, 920-1
Prati, A. 528, 565-6
Pretzl, O. 179
Preuss 1025
Prudhomme, A. 922-3

Quadrado, J.M. 1473

R.y B., J. 1474
Rabin, C. 633R
Radin, M. 238
Régné, J. 980, 1475-7
Reider, J. 207
Reinach, T. 114R, 117-20, 208
Renan, E. 646-7
Rens, L.L.E. 1609
Renzi, L. 355R
Révah, I.S. 796, 1178, 1249R, 1260R, 1332-4, 1478-80, 1567, 1577
Revilla, M. 1287

INDEX OF AUTHORS

Reynolds, J. 121
Ribeiro, E. 1634
Ribeiro dos Santos, A. 1163-5
Ricci, C. 1288
Richardson, H.G. 1141-2
Richardson, L.McD. 784
Ridet, M. 1289
Rieger, P. 138
Riera i Sans, J. 57, 1166, 1197R, 1216
Rigg, J.M. 1143-4
Riquier, R. 848
Robert, L. 60R, 122
Roberts, C.H. 180
Roblin, M. 461-2, 924-5, 981, 1481-2
Rodinson, M. 644R
Rodrigues, M.A. 1171R, 1404R
Rodriguez-Moñino, A. 1483
Rönsch, H. 151
Romano, D. 1217-8, 1390, 1484, 1635
Romano, G. 264
Romanos, J.A. 599
Romualdo, P. 1245
Rosellini, A. 644R
Rosén, H.B. 1067
Rosenberg, L.W. 756R
Rosenberg, S.N. 393
Rosenblatt, D. 1290
Roth, C. 123, 265-7, 394-5, 529-31, 644R, 670, 849, 1082, 1145-8, 1167-8, 1179, 1485-8, 1535
Rothschild, J.-P. 1068
Rothwell, W. 644R-5R
Rowland, R.J. 124
Rubió i Lluch, A. 1536
Ruggini, L. 125
Rypins, S. 1391

Sabatier, E. 850-1
Sacerdote, G. 396, 619
Sachs, G.E. 1291
Saenger 209
Sáenz-Badillos Pérez, Á. 1537
Saige, G. 982
Sainéan, L. 532, 785

Sala, M. 1171R, 1180, 1404R 1568-9
Salfeld, S. 581, 1105
Salomon, H.P. 1234, 1392-8, 1404R, 1538, 1585
Salomonski, E. 1260R, 1489
Salustri, C.A. See Trilussa
Sanz Artibucilla, J.M. 1490
Šašel, A. and J. 126
Saye, H. 786
Scazzochio Sestieri, L. 625-6
Schaare Zion 983
Schaerf, S. 463-5
Schallman, L. 1539
Schatzky, J. 1399
Schechter, S. 787
Scheiber, A. [S.] 126R, 127-8
Schiff, M. 1292
Schirmann, J. [H.Š.] 397-9
Schlessinger, G. 788
Schloessinger, M. 757R
Schneider-Graziosi, G. 129
Schper, A. 222
Schramm, G.M. 543
Schreiner, M. 181
Schuchardt, H. 1617
Schürer, E. 152
Schulze, W. 130, 182
Schum, W. 239
Schutz, A.H. 644R, 696R, 750R
Schwab, M. 131, 153-4, 223-4, 242-3, 400-1, 541R, 659, 746R, 790, 852, 926-35, 984, 1111R, 1434, 1466, 1586
Schwarz, S. 1335, 1491-2
Schwarzfuchs, S. 882, 936, 985, 1493
Schwyzer, E. 183
Secret, F. 1081
Seeligman, S. 761R
Segre, C. 296
Segre, R. 1152
Selem, P. 133
Selke, A. 1336
Séphiha, H.V. 403, 1155R, 1219, 1238R, 1293, 1400-6
Sermoneta, J.(B.) 8, 297-300, 404-7, 533

Seror, S. 937-8, 987R
Shanks, H. 184
Shapiro, H.H. 4
Shatzmiller, J. 882R, 986-7
Shephard, S. 1636
Shulvass, M.A. 24, 466
Siegfried, C. 185
Silberstein, S.M. 853
Silva Carvalho, A. da 1337
Silva Germano, P. da 1407
Silva Neto, S. da 1610-2
Silva Rosa, J.S. da 1169-70, 1338
Silveira, J. da 1637
Silverman, J.H. 1557
Simon, J. 791
Simonsen, D. 467, 1149
Simonsohn, S. 507
Singer, C. 225
Singerman, R. 5
Sirat, C. 244-5, 468, 645R, 792-6
Sirat, R.-S. 1404R
Skok, P. 186
Slobodjans'kyj, P. 8R
Smalley, B. 660, 1150
Šmilauer, V. 187
Sola Pool, D. de 1587
Solà-Solé, J.M. 1220
Solalinde, G.A. 1294
Solin, H. 134
Solomons, I. 1408
Sonne, I. 410
Speiser, E.A. 188
Sperber, A. 189
Spitzer, L. 25-6, 301, 483, 525R-6(R), 534, 1026, 1106, 1235, 1510-2, 1540, 1555-6
Spotti, L. 596
Staples, W.E. 190
Starr, J. 210
Steiger, A. 1181, 1221
Steinschneider, M. 27-30, 226, 240-1, 268-71, 411, 419R, 469, 709R-10R, 798-9, 939, 988-90, 1159R, 1222, 1471R, 1494-8

Stern, M. 800, 1103, 1107-8
Stern, S. 470
Stimm, H. 854
Stock, M. 629
Stokes, H.P. 1115, 1151
Strumpf, D. 1084
Studemund, M. 1171
Studer, P. 1223
Subak, J. 701R
Suchier, H. 1027
Sulzbach, A. 801
Sutcliffe, E.F. 191
Szajkowski, Z. 671, 1409
Szapiro, E. 991

Tagliavini, C. 567
Talmud bavli 802
Tamani, G. 254R, 412
Támaro, E. 1499
Tamizey de Larroque, P. 992
Tannenbaum, R. 121
Tauro, M.G. 627
Tavani, G. 575-6, 1230R
Tavares, A.A. 1541-3
Teensma, B.N. 1368, 1410-1
Teicher, J.L. 1224
Teissier, O. 993
Terracini, B. 44R, 594, 600, 620
Terracini, C. 603
Teyssier, P. 1578
Teza, E. 535
Theodor, J. 803
Thiel, M. 227
Thomas, A. 192, 713R, 746R, 855, 1028-31
Thumb, A. 148R, 211
Thylander, J. 135
Tilander, G. 1544-5
Timm, E. 1109-10
Toaff, A. 471-3, 536
Toaff, R. 1412-3
Tobler, A. 843R
Tomasini, G. 595
Torres Balbás, L. 1638
Treimer, K. 568
Trénel, J. 1069
Treves, M. 413

INDEX OF AUTHORS

Trilussa [C.A.Salustri] 628

Ullendorf, E. 414
"Un document..." 856
"Une inscription..." 31
Urbach, E. 804

Vaccari, P.A. 136-7
Vajda, G. 360R, 474, 805, 857
Valat, D. 1414
Van Ginneken, J. 1588
Van Praag, J.A. 1415-6, 1546, 1589-90
Vaux, R. de 1249R
Velozo, F.J. 1500
Vendrell de Millás, F. 1225, 1547
Ventura, M. 858
Verd, G.M. 1295
Vexler, F. 642R, 714R
Vidal, A. 949
Vidal, I. 858
Vidal, P. 859, 994
Vidossi, G. 44R, 600R
Vidossich, G. 630
Villani, N. See A.Aldeano
Viriglio, A. 621
Vogelstein, H. 112R, 138
Voorhoeve, J. 1613
Voorzanger, J.-L. 1111

J.W. 860
Wagner, M.L. 484, 509R-10R, 568R, 569, 575R, 1236, 1417, 1570-2, 1591
Waingort(-Novinsky), A. 1339, 1501
Walde, B. 1070
Wartburg, W. von 1071
Waryński, T. 1502
Wasserstein, D. 1381R, 1573
Weil, G.E. 644R-5R
Weill, J. 193, 642R, 696R, 940
Weinreich, M. 32-3, 583-5, 1112
Weinryb, B. 537
Weisz, M. 475, 806
Wellesz, I. [J.] 806R, 807, 882R, 1032

Wendel, A. 808R
Wexler, P. 5R, 6, 18R, 22R, 34, 40R, 155-7, 212, 1060R, 1155R, 1171R, 1172, 1182-3, 1253R, 1296, 1513, 1569R
Whitehead, F. 645R
Wickersheimer, E. 941
Wieder, N. 1548
Wiener, L. 1033, 1297
Wilensky, M. 415
Willis, R.S. 1249R
Willrich, H. 194
Windfuhr, W. 808
Wiznitzer, A. 1340-3, 1503
Wolf, L. 640
Wolf, S.A. 538, 1113
Wolff, E. and F. 1344
Wood, R.E. 1614-6
Wright, W.A. 809-10
Wuthnow, H. 139
Wutz, F. 195

Yahuda, A.S. 542
Yerushalmi, Y.H. 1074, 1159

Zanazzo, G. 570
Zauner, A. 788R
Zoller, J. 476
Zolli, E. 477-8
Zolli, P. 254, 293R, 632
Zorell, F. 196
Zuckerman, A.J. 246
Zunz, L. 35, 158, 811, 861, 942, 995, 1504
Zweig, A. 812

אבינרי, י. 1035
איידזנשטיין, י.ד. 1076
אלדר, י. 1047
אלוני, נ. 1034, 1514
ארטום, מ. 286, 303
בובר, ש. 702, 950
בונפיל, ר. 314
בוקסנבוים, י. 313, 423
בחור, א. 307
בית-אריה, מ. 1038
בן אבא מרי, י. 818
בן יקותיאל, מ.ש.י. 308

INDEX OF AUTHORS

בעל דמיון [נ.שטיף] 1086
בערנפעלד, מ. 661
בצלאל, י. 275
בראודה, ג.-ז. 1088
ברודי, ח. 315
ברודי, י. 1121
גאליה, א. 1092
גומפרץ, י.ג.פ. 445, 495-497
גרוסברג, מ. 960
דוד, א. 435
דורמיצר, מ. 348
הגדה של פסח 356
הלברשטם, ש.י. 357
הנובר, נ.-נ. 235
וויילער, י. 525R
ילון, ח. 1072-1073
ירדן, ד. 360
כ"ץ, מ. 361
כרמי, א. 829
כרמי, מ. 830
לוי, י.ל. 292
לונץ, א.מ. 379-380
לנדא, מ. 747
מַיְמוֹן, נ.צ. 1102
מלכי, י. 707R
משניות 381
ניימאנן, י. 766
נרקיס, מ. 1080
סדר הגדה 402
סיגאל, ב. 1088
פרידברג, ח.ד. 1
פריימאנן, י. 702
קאסאוועד, מ. 1098-1099
קלאר, ב. 1059, 1134
קרית ספר 2
רשימת מאמרים... 3
שובה, מ. 132
שטיף, נ. בעל דמיון See
שיפער, י. 582
שיר נאה בהדורים 408
שיר נאה בהורים [sic] 409
שלוסברג, א.ל. 789
שפיגל, ש. 797

ADDENDA

II. JUDEO-LATIN

1. "איטלקי, איטלקית — מה מקור הקו"ף שבהם". לשוננו לעם 36 (1985), 64.

2. Kant, L.H. "Jewish Inscriptions in Greek and Latin." Aufstieg und Niedergang der römischen Welt part II, vol 20/2, eds. W.Haase and H.Temporini, 671–713. B-NY 1987.

3. Momigliano, A. "The New Letter by "Anna" to "Seneca"." Athenaeum n.s. 63 (1985), 217-9.

4. ———. "Jewish Evaluations of Latin in the Roman Empire." Annali della Scuola Normale di Pisa ser 3, 16 (1986), 355-8.

5. Sperber, D. Essays on Greek and Latin in the Mishna, Talmud and Midrashic Literature. J 1982.

6. ———. A Dictionary of Greek and Latin Legal Terms in Rabbinic Literature. Ramat-Gan (Israel) 1984.

III. JUDEO-ITALO-ROMANCE

1. Cuomo, L. Una traduzione giudeo-romanesca del libro di Giona. Beiheft 215, ZRPh, forthcoming.

2. Gold, D.L. "A Bibliography of Secondary Literature on the Origin of the Word ghetto." JLR 4 (1984), 142.

3. Malusà, G. "Glossarietto ebraico." Le lingue del mondo 48 (1983), 340-1.

IV. JUDEO-GALLO-ROMANCE

1. Dorfman, E. "Tora Lore in Torelore: a Parastructural Analysis." Papers in Linguistics and Child Language: Ruth Hirsch Weir Memorial Volume, eds. V.Honsa and M.J.Hardman-de-Bautista, 39-69. Hag 1978.

2. Gorog, R. de. "Le développement des suffixes latins -atio, -itio en français." Orbis 28 (1979), 115-51.

3. Jütte, R. Abbild und soziale Wirklichkeit des Bettler- und Gaunertums zu Beginn der Neuzeit. Köln-Vi 1988.

4. Schlör, W. Raschis altfranzösische Talmudglossen. Probleme der Transkription und Phonologie. Freiburg i.Br. 1968.

5. Stowell, W.A. "Notes on the etymology of bachelier." Studies in Honor of A.Marshall Elliott 1, 225-36. Ba 1912.

V. JUDEO-IBERO-ROMANCE

1. Séphiha, H.V. Le judéo-espagnol. P 1986.